Italienische Moralphilosophie

Roland Benedikter (Hrsg.)

Italienische Moralphilosophie

Herausgeber
Roland Benedikter
Bozen, Italien

ISBN 978-3-658-10318-7   ISBN 978-3-658-10319-4 (eBook)
DOI 10.1007/978-3-658-10319-4

Die Deutsche Nationalbibliothek verzeichnet diese Publikation in der Deutschen Nationalbibliografie; detaillierte bibliografische Daten sind im Internet über http://dnb.d-nb.de abrufbar.

Springer VS
© Springer Fachmedien Wiesbaden 2016
Das Werk einschließlich aller seiner Teile ist urheberrechtlich geschützt. Jede Verwertung, die nicht ausdrücklich vom Urheberrechtsgesetz zugelassen ist, bedarf der vorherigen Zustimmung des Verlags. Das gilt insbesondere für Vervielfältigungen, Bearbeitungen, Übersetzungen, Mikroverfilmungen und die Einspeicherung und Verarbeitung in elektronischen Systemen.
Die Wiedergabe von Gebrauchsnamen, Handelsnamen, Warenbezeichnungen usw. in diesem Werk berechtigt auch ohne besondere Kennzeichnung nicht zu der Annahme, dass solche Namen im Sinne der Warenzeichen- und Markenschutz-Gesetzgebung als frei zu betrachten wären und daher von jedermann benutzt werden dürften.
Der Verlag, die Autoren und die Herausgeber gehen davon aus, dass die Angaben und Informationen in diesem Werk zum Zeitpunkt der Veröffentlichung vollständig und korrekt sind. Weder der Verlag noch die Autoren oder die Herausgeber übernehmen, ausdrücklich oder implizit, Gewähr für den Inhalt des Werkes, etwaige Fehler oder Äußerungen.

Lektorat: Frank Schindler

Gedruckt auf säurefreiem und chlorfrei gebleichtem Papier

Springer Fachmedien Wiesbaden ist Teil der Fachverlagsgruppe Springer Science+Business Media
(www.springer.com)

Inhalt

Einleitung 7
Roland Benedikter

Die Furie des Guten. Moralisch sein heute heißt: Aufstand gegen Gott
und das Sein 13
Manlio Sgalambro

Die Ethik des Unheimlichen wird die Ethik des Kommenden sein.
Ein Entwurf für unsere Zeit 19
Graziella Berto

Seele, Text, Praxis. Über die Schriftabhängigkeit der Moral 31
Carlo Sini

Postmoderner Nihilismus und post-postmoderne Moral. Was wäre eine
Ethik der Rettung für die Gegenwart? 47
Aldo Masullo

Moral als neue Metaphysik. Gibt es Gut und Böse im 21. Jahrhundert
überhaupt noch? 77
Silvano Demarchi

„Vergöttlichung" im Zeitalter des Cyberplatonismus. Die Internet-Ära
erfordert ein neues moralisches Denken 87
Salvatore Lavecchia

Nachwort. Zwischen den drei Polen Emotion, Widerstand und
Rationalisierung: Das heutige italienische Denken des Moralischen –
und die Perspektiven 107
Roland Benedikter

Weiterführende Literatur des Herausgebers (2002-2015) 119

Über die AutorInnen 121

Einleitung

Roland Benedikter

Dieses Buch enthält sechs Aufsätze von Manlio Sgalambro, Graziella Berto, Carlo Sini, Aldo Masullo, Silvano Demarchi und Salvatore Lavecchia. Sie präsentieren Schlüsselpositionen der aktuellen italienischen Moralphilosophie in kurzer und allgemeinverständlicher Form.

Gemeinsam ist den Texten, dass sie die Zukunft des *Moralischen (individuelle* Dimension) und des *Ethischen (kollektive* Dimension) in die allmählich entstehende Weltgesellschaft vorauszudenken suchen. Sie tun dies in *grundsatzorientierter* und soweit als möglich *voraussetzungsloser* Weise. Das schließt, wie in unserer Ära des beginnenden Ringens zwischen Humanismus, Post-Humanismus und Transhumanismus um das Menschenbild nicht anders zu erwarten, experimentelle, dekonstruktive und radikal-kritische Formen der Annäherung ein. Die Fragen lauten, was Moral und Ethik unter Gegenwartsbedingungen sein *können* – und was sie sein *sollen*.

Untereinander verbunden sind die vorliegenden Denkversuche dadurch, dass sie in einer stark individualisierten und exponierten, ja ungeschützten Weise vorgehen – in einem Gestus nämlich, der von der Zeit mit ihrer Tendenz weg von kollektiven Normen hin zu personalisierter Verantwortung gefordert wird. *Kann paradoxerweise nur eine auf den Einzelnen zugeschnittene Moral eine globale Ethik grundlegen – da kollektive Entwürfe aufgrund ihrer unvermeidlichen Kulturbindung in Zeiten technologischer Entgrenzung mittlerweile eher trennend wirken?*

I

Das wäre möglich, ist aber von sich aus keine zwingend These, sondern muss im Kontext der Gegenwart erläutert werden. Es ist die Ausgangsthese dieses Buches, deren Erläuterung und Prüfung sich alle Beiträge stellen – und zwar vor dem Hintergrund des besonderen Charakters italienischer Gesellschafts- und Kulturtradition. Italien kann betreffend Individualisierung von Moral besondere Erfahrung einbringen. Ist die Nation doch seit der programmatischen Gründung als „schwacher Staat" 1861 durch Liberale gegen die katholische Kirche in Europa kulturell das Land des Individualismus gegen das Kollektiv und des Einzelnen gegen das Ganze schlechthin. Daher sind sowohl Begabung wie Neigung des italienischen Denkens seit jeher eher auf Moral (individuelle Dimension) als auf Ethik (kollektive Dimension) gerichtet. Moral ist dem italienischen Denken, wie die folgenden Beiträge zeigen, eine unmittelbare Realität, weil sie sich im „Ich" abspielt und von diesem abhängig ist; Ethik dagegen viel abstrakter, formaler und „weiter vom Selbst weg", da sie eine gemeinschaftliche Übereinkunft und Konvention darstellt, mit denen Italiener grundsätzlich weniger anfangen können – nicht zuletzt, weil sie ihrem traditionell „schwachen Staat" mit ungenügend funktionierenden Institutionen und einer Worte vor Handlungen stellenden Öffentlichkeit misstrauen. Gilt das auch noch im Zeitalter angekündigter „tiefer Reformen" und einer angestrebten „moralischen Kulturrevolution" des jüngsten Ministerpräsidenten der italienischen Geschichte, *Matteo Renzi*, der im Februar 2014 die Macht übernahm?

II

Soweit bisher sichtbar, ja. Die Ansätze des heutigen italienischen Moraldenkens stehen wie seit jeher in kritischem, ja rebellischem Gegensatz zur Obrigkeit, welcher Coleur sie auch immer sei, und was immer sie auch anstrebe. Sie misstrauen insbesondere den seit Mitte der 1990er Jahre auffällig zunehmenden Institutionalisierungs-Bestrebungen von Ethik in Kommissionen, Pädagogiken und Programmen – und antworten darauf mit einer kämpferischen Besinnung auf Moral, die im Zeichen des Subjekts steht. Die sich seit dem „Ethik-Boom" Mitte der 1990er Jahre vermehrenden Bestrebungen um eine öffentlichkeitsfähige Ethik werden hier eher kritisch gesehen. Denn aus der Sicht des italienischen Moral-Denkens der Gegenwart sind diese Versuche zwar gut gemeint und zum Teil auch notwendig; aber sie sind zugleich in ihrem Kern zum Großteil konventionell. Ethik bleibt daher affirmativ und instrumentell – wogegen es dem italienischen Moraldenken gerade im Gegenteil um Rebellion und Veränderung geht. *Moral wird in Italien eher als Aufstand des Subjekts gegen das Bestehende denn als dessen Stabilisierung und Verbesserung zu Zwecken der Ordnung und Kontinuität verstanden, als die Ethik nur allzu oft dient.*[1]

III

Entgegen solchem Gebrauch geht es der italienischen Moral-Philosophie darum, das Ethische nicht fortzusetzen, sondern Moral *von Grund auf aus der Zeit heraus* neu zu denken. Dabei bildet meist eine Negation den Ausgangspunkt. Das geschieht bei *Manlio Sgalambro* als Rebellion des auf sich selbst zurückgeworfenen Subjekts „gegen Gott und das Sein" – ein Gestus, der das gegenwärtige Selbst an seine Grenzen und in einen Bereich hineinführt, wo Moral und negative Metaphysik in einer emotionalen Woge der Selbstermächtigung ineinander übergehen. Bei *Graziella Berto* ist es die Erfahrung des „Unheimlichen", die in das kommende „Selbst jenseits des Selbst" vorausweist; bei *Carlo Sini* die nicht fixierbare Erfahrung des Einzelnen, die ständig zwischen Seele, Praxis und Text schwebt und dabei Bewusstseinsräume sowohl moralischer Erweiterung wie Fixierung durchschreitet, deren Charakter Ambivalenz ist – wie der der Gegenwart selbst. *Aldo Masullo* sucht im Nihilismus der Postmoderne nach einer Ethik der Rettung, deren Ansätze er gerade aus ihrem „Nullwert" heraus zu gewinnen meint. *Silvano Demarchi* deutet die zeitgenössische Erfahrung des ganz in sich selbst gründenden „Ich" als Erfahrung einer – wenn auch zum Teil negativ induzierten – Neu-Einheit von Moral und Metaphysik; und *Salvatore Lavecchia* versucht, das Moralische aus dem „Cyberplatonismus" der Internet-Ära hervorgehen zu lassen, die Ideen wie abstrakte Schatten in Informationspaketen transportiert und sie dabei sowohl überweltlich-„rein" wie inhuman werden lässt.

IV

Mit solchen Ansätzen wird das Moralische in seinem aufbauenden Begriffsverständnis zwar unweigerlich einem unabwägbaren Risiko ausgesetzt, das auch seine Auflösung oder gar Zerstörung durch den Denkversuch selbst nicht ausschließt. Aber das ist der Preis dafür, Moral am Treffpunkt zwischen Innendimension des Selbst und Außendimension der Zeit experimentell neu aufzubauen. Nicht um die Suche nach einem historischen Ursprung „des" Moralischen geht es, sondern um

---

1 R. Benedikter: Begegnung mit dem Vorsitzenden der Ethik-Kommission. Grundmuster ethischen Denkens in der Gegenwart. In: Kulturzeitschrift „Die Drei". 72. Jahrgang, Heft 11/2002. Frankfurt am Main 2002, S. 48-54.

die Suche nach einem *neuen* Ursprung „eines" Moralischen aus der Gegenwart – *und zwar im unmittelbaren Denkakt des Subjekts dieser Moral selbst und unter konkreten Bedingungen.* Schlüsselfragen, die dabei auftreten und bewältigt werden müssen, sind: Gibt es im Zeitalter einer mutmaßlich erstmals radikalen Verwirklichung von Individualität tatsächlich zum ersten Mal nicht nur *philosophisch*, sondern auch *faktisch* ein Moralisches *jenseits* von Gut und Böse – so wie es die Avantgarden des 19. und 20. Jahrhunderts vorhergesagt haben? Und wenn ja, wie wäre ein solches Moralisches beschaffen? Worin würde es sich von gängigen Verständnissen von Ethik unterscheiden?

Auf diese Fragen versucht die italienische Moralphilosophie der Gegenwart Antworten zu geben. Sie bleiben ebenso vorläufig wie skizzenhaft – und müssen das vermutlich auch bleiben, wenn sie realistisch sein sollen.

V

Das Kennzeichen des italienischen Denkens des Moralischen scheint bei Umkreisung dieser Fragestellungen, dass es sich, diesseits von Schematisierungen und bei aller virtuosen Beherrschung des aus der Postmoderne übernommenen nominalistischen Analyse-Instrumentariums, nicht vor der Konfrontation mit dem scheut, was man in der humanistischen Tradition die *innere Realität* genannt hat. Alle Beiträge dieses Buches versuchen, zumindest in Ansätzen – manchmal im Ton, manchmal in einzelnen Argumentationslinien – nominalistische *und* geistrealistische Aspekte zu integrieren. Das ist nicht nur, aber auch Erbe und Wirkung der historischen Einheit zwischen öffentlichem Geist und Christentum im Land des Papstes. Es ist der Unterschied des italienischen Moraldenkens zu den meisten deutschsprachigen Ansätzen, die mehrheitlich klar säkular vorgehen – und es verleiht ihm seine charakteristische Unwägbarkeit, aber auch sein stets spürbares, wenn auch vorläufiges und tastendes Bemühen um Verbindung von kritischem Abbau (Dekonstruktion) und neuem Aufbau. Der – zunächst negative – Ansatz zur Neuverbindung von Nominalismus und Geistrealismus lässt das italienische Moraldenken der Gegenwart über die Postmoderne hinaus in die Anfänge einer „Post-Postmoderne" hineinspüren. Das ist sein wichtigster Fingerzeig – und vielleicht sogar sein zukunftsweisender Beitrag zu einem europäischen Moral-Denken.

VI

Moral und Radikalität gehören dabei für den italienischen Individualitäts-Geist untrennbar zusammen – das hat uns als eines der ersten Werke, aber keinesfalls abschließend, Macchiavellis "Prinz" (1532) gezeigt. Im italienischen Moraldenken ist dieses Motiv ständig präsent – quälender, aber auch produktiver als anderswo. Zugleich herrscht, wie mehrere Beiträge dieses Buches zeigen (darunter die von *Sini* und *Masullo*), eine Art – im Grundton wiederum negativ gefärbter – anti-katholischer Widerstand im heutigen Moraldenken Italiens vor: Ein besonders starkes anti-substantialistisches und bewusst dekonstruktives Element, das dem Widerstand gegen Vereinnahmung durch den öffentlichen Einfluss institutionalisierten christlichen Denkens und der Selbstbehauptung kritischer Reflexion dient – sei dieser Einfluss nun real oder nur empfunden. Die teilweise an der Grenze zur Polemik geführten Diskurse zeigen die so charakteristische Spaltung des italienischen Denkens zwischen Substantialismus und Säkularismus auf, die seine Integrationsversuche stets wie ein Schatten begleitet und die hier weit stärker ausgeprägt ist als in den deutschsprachigen Nationen. Auf sie antworten Diskurse der Affirmation, die sich der Rettung der Substanztradition verschrieben haben, wie etwa die von *Demarchi* und *Lavecchia* in diesem Buch beispielhaft zeigen. Dazwischen liegen lyrische (*Sgalambro*) und „posthumanistische" (*Berto*) Ansätze, die zwischen beiden schweben, aber ein eigenes Drittes versuchen.

VII

Welchen Stellenwert hat das italienische Denken des Moralischen bei alledem im größeren europäischen Panorama der Gegenwart? Kommt ihm, abseits diplomatischer Beteuerungen, überhaupt noch *wirklicher* Einfluss zu? Und wenn ja, welcher? Schließlich: Muss denn Moral nicht, ganz wie die zwei anderen, unmittelbar an sie angrenzenden Schlüsselbereiche der Gegenwart: Technik und Politik, heute *getan* werden, statt Gegenstand – wenn auch zum Teil experimenteller – Reflexion zu sein?

Ja und nein. In allen Bemühungen der italienischen Denkerinnen und Denker, die noch obskure Zeitgestalt des Moralischen vorauszuahnen, manifestiert sich ein *charakteristischer Zusammenhang zwischen Technik, Politik und Moral*. Dieser bringt ein Denken hervor, das, nun auf nichts anderes mehr als seine eigene Unruhe gestützt,

- in der Konfrontation mit der zunehmend technisch geprägten Welt als *Denken der Technik* zur Empfindung seiner Notwendigkeit und zum Selbstbewusstsein eines Neubeginns kommt[2];
- sich darauf aufbauend im Eintreten in den gesellschaftlichen Raum zum *Denken des Politischen* entfaltet, weil das Technische nicht ohne die Frage nach dem Politischen zu bewältigen ist[3];
- und schließlich als *Denken des Moralischen* an die Entscheidungs-Wurzeln des Selbst rührt, von dem sowohl Technik wie Politik abhängig bleiben – worin es seine zivilisatorische Bestimmung findet.

VIII

In dieser für unsere Zeit charakteristischen Trinität zwischen Technik, Politik und Moral, innerhalb derer ein Bereich – in Differenz und Einheit – nicht ohne den anderen zu erfassen, geschweige denn zu denken ist, bildet sich nicht nur der Grundzug der heutigen Philosophie Italiens. Sondern es findet sich darin möglicherweise auch etwas von der Notwendigkeit des Denkens unter Zeitbedingungen überhaupt. Denn es ist genau das *Dazwischen* der drei Bereiche, in dem sich die meisten bedenkenswerten Grundprobleme unserer Kultur bewegen.

Alle Aufsätze dieses Buches sind Originalbeiträge und werden hier erstmals veröffentlicht. Die Übersetzungen aus dem Italienischen sowie die Strukturierung und Bearbeitung der Texte verantworte ich.

Mailand und Berlin, im September 2015   Roland Benedikter

---

2 Vgl. R. Benedikter (Hrsg.): *Italienische Technikphilosophie für das 21. Jahrhundert*, Frommann-Holzboog Verlag, Stuttgart 2002.
3 Vgl. R. Benedikter (Hrsg.): *Italienische Politikphilosophie*, Springer Verlag, Wiesbaden 2015.

Die Furie des Guten
Moralisch sein heute heißt: Aufstand gegen Gott und das Sein

Manlio Sgalambro

Du willst das Gute? Für wen? Für dich? Für den da drüben? Oder für irgendeinen anderen, den wir hier und jetzt gar nicht sehen, hören, riechen, fühlen? Oder aber du handelst *gut*, aber nur aus allgemeinen Gründen? Tust nicht diesem oder jenem Gutes, sondern dem Guten – nur um seiner selbst Willen?

I

Auch gut. Das alles ändert nichts. So oder so: Du hast in jedem Fall ein Problem. Denn wenn du das Gute willst, greifst du immer schon das Prinzip des Seins an: Du negierst Gott als das universale Gute. In deinem moralischen Überschwang erfasst du das gesamte Sein mit deinem Zorn.

II

Du hast mit deiner guten Tat an einem ganz bestimmten Punkt eine winzige Bresche geschlagen, einen Spalt sich auftun lassen. Vielleicht wird niemand durch diesen Spalt hindurchgehen, vielleicht auch eine ganze Schar. Das spielt keine Rolle. Jedenfalls ist für einen Augenblick das Sein in Gefahr. Mit deinem kleinen Guten hast du es erbeben lassen, ins Wanken gebracht. Wenn du das Gute willst, und sei es von der Größe eines Senfkorns, löst du den Weltuntergang aus, zerstörst du das Sein, greifst du Gott an. Und gerade deshalb willst du das Gute, sagst du? Ist das nicht ein Widerspruch?

III

Der Fluch des Guten besteht darin, dass es stets zum Angriff ansetzt wie ein wildes Tier. Wer gestreichelt werden will, soll sich vor ihm hüten. Das Gute bricht wie ein Feind über das Sein herein. Es beinhaltet das „Böse" oder das, was der Mensch in seiner Beschränktheit dafür hält. Das Gute ist der grausame Biss eines angreifenden Tigers – nicht die milde Geste des guten Herzens. Man erinnere sich an den Grund, warum das Gute überhaupt da ist: Für das Gute ist das Sein, so wie es ist, das, was *nicht* sein darf.

IV

Wir müssen uns die Idee des Guten so vorstellen, dass in ihr Raserei ist, die verneinende Kraft des Bösen, der Schrei eines Neugeborenen, der Tötungswahn und der Wille, dass der andere nicht stirbt. Und all das zugleich. Auf das Individuum bezogen, verkörpert die Idee des Guten die dem Tod entgegengesetzte Achse. Wollen, dass der andere nicht stirbt: Das ist die Eitelkeit und Nichtswürdigkeit des Guten.

V

Wenn dieser Funke überspringt, sich dieses unwiderstehliche Gefühl einstellt, dieser schon in seinem ersten Ursprung gefoppte Wille, dass jemand nicht sterben möge, dann bahnt sich, während man schon leise vom quälenden Wissen um die eigene Ohnmacht erfasst wird, die Idee des Guten einen Weg.

Gut: Das Gute ist also das Gegenteil des Todes. Aber es ist nicht das Leben. Denn das Gute ist dann das Gute, wenn uns der Gedanke überrascht und übermannt, dass ein anderer sterben wird. Nur dann nämlich regt sich dieser unbeugsame und unnütze Wille, er möge nicht sterben „müssen".

VI

Aber wie kann es sein, dass man für einen anderen das Gute will? Und nicht nur für sich selbst – was nie das Gute wäre, wie wir wohl ahnen? Der Schlüssel zum Problem liegt im Widerspruch: Dass diese Bestie „Ich" das Wohl eines anderen will. Ist das so, weil der andere und ich derselbe sind? Und ich das insgeheim spüre?

VII

Im Gegenteil. Es kann keinen so abgrundtiefen Unterschied wie den zwischen zwei Menschen geben. Das weißt du doch. Und dennoch will ich das Gute für dich: Für einen Anderen. Oder – das Gute kommt wie ein Sturm über mich und zwingt mich, das Gute für einen anderen zu „wollen". Wenn der andere und ich derselbe oder wenigstens dasselbe wären, dann wäre das Gute die einfachste Sache der Welt. Aber gerade der unüberbrückbare Abgrund zwischen uns macht das Gute erst zum Guten. Dem anderen Gutes zu tun, ist also die schwierigste Aufgabe der Welt, und zugleich die leichteste. Es ist die leichteste, weil mich irgendetwas dazu verpflichtet – und mich damit von hinten gegen einen Abgrund drängt. Das Gute naht wie ein Meuchelmörder, der mich in die Richtung des anderen stößt, auch wenn uns ein Abgrund trennt. Denn der andere bleibt immer der Andere.

VIII

Die erste Definition, die das Gute erfährt, ist, dass es das ist, was man sich wünscht. Das Gute sei nicht das, was Chaos schafft und wovor man sich in Sicherheit bringen müsse, heißt es. Immerhin wissen wir also, was es nicht ist. Die erste große Tat der Menschheit ist nicht die Zähmung der Tiere oder die Unterwerfung der Natur, sondern die Besetzung und Zivilisierung *des Guten*.

IX

Zu erkennen, was die Grundlage des Guten ist, bleibt uns nicht erspart. Seine besondere metaphysische Auffälligkeit liegt darin, dass man nicht weiß, woher es kommt. Die Metaphysik beweist ihr Können hier nur, indem sie auf das Geheimnis hinweist. Das Gute ist geheimnisvoll. Wer genauer hinhört, versteht, dass das Gute nicht an das Prinzip gebunden, sondern eher seine Negation ist. Mit ihm sichern wir uns unseren Platz in der Welt. Wer auch immer wir sind: unsere Rolle besteht nur darin, den Auftakt zu geben – und das Gute erscheint.

X

Was aber hat das Gute seinerseits mit uns zu tun? Werden wir nicht bei seinem Erscheinen von seinem Sog in die Ferne getragen, weit weg vom Anfang, vom Ursprung und von uns selbst? Oder erkennen wir es nur nicht, weil wir nicht wissen, was uns gehört? Was und wer wir sind?

XI

Niemand ist Herr über das Gute. Es stellt nicht einmal den Sinngipfel der Existenz dar, wie man behauptet hat. Im Gegenteil: Wir sind hier eher auf dem Gelände der praktischen Bedürfnisse. Wenn man nämlich noch eine Hoffnung hätte: Sie würde verschwinden, sobald das Gute auf den Plan tritt. Das Gute erfasst uns wie ein Feuersturm. Es tut uns Gewalt an. Wer das Gute überlebt, der ist der Geweihte und Gesalbte, der wahre Herr des Augenblicks.

XII

In dem Augenblick, in dem das Gute uns mit seinem Flügel streift, fällt ein Gifthauch sogar auf Gott, auf den schaurigen Anfang, auf die tägliche Pein des Entstehens, auf alles. Das Gute lähmt alles und lässt alles erstarren, bis alles wieder so wird, wie es war, und uns Gott von neuem verschlingt, uns die Geburt wieder überrascht und zum Besten hält, der Sog des Lebens uns wieder an sich reißt. Mit anderen Worten: das armselige Sein triumphiert über all unsere Anstrengungen, und die Unmöglichkeit des Nichts erweist sich als Trug.

XIII

Von woher also das Gute? Wir sagen: Geheimnis, und geben uns damit zufrieden. In der Tat: Wer seine Kraft verspürt, von seinem Donnerschlag gerührt wird oder sich durch es in Gefahr sieht, für den ist das Gute ein Geheimnis. Aber es erscheint ihm wie ein Licht.

XIV

Was bleibt? Die Furie des Guten greift um sich wie ein kosmisches Element, wie ein Sturm, ein zuckender Blitz, ein Tagesanbruch. Oder sie ergreift uns wie ein Werkzeug, ein zufällig gefundenes Gerät, schleudert uns in ihrer Raserei gegen einen anderen, gegen ein Ding, gegen einen jaulenden Hund, gegen deinen Todfeind. Und so stirbt das Gute immerfort in das Sein hinein, ohne dass jemand sagen könnte, woher es kam und wohin es geht.

Die Ethik des Unheimlichen wird die Ethik des Kommenden sein
Ein Entwurf für unsere Zeit

Graziella Berto

Was also ist zu tun? Wie kann sich unser Selbst so zu sich verhalten, dass es durch bloße Verständigung mit sich selbst einen Begriff des *Richtigen* gewinnt? Und welchen Maßstab kann dieses Richtige haben, damit es sich wiedererkennen kann, wenn es im Ich erscheint?

Das sind meines Erachtens die Fragen, die sich dem Einzelnen heute stellen. Auch wenn wir sie nicht beantworten können – versuchen wir, wenigstens etwas zu verstehen.

I

Der Begriff *Ethik* verweist uns, bei näherer Betrachtung, stets auf einen *Anfang*, einen *Ausgangspunkt*, der zugleich etwas *Befestigendes*, *Umfriedendes* und *Beheimatendes* hat. Er weist uns hin auf etwas, das in ebenso wärmender wie fließender Weise mit *Ethos* umschrieben wird. *Ethos* bedeutet *Aufenthaltsort, Wohnsitz, Heim*. Ethos ist dabei weniger ein *Ort* im engeren Sinn, als vielmehr eine *Seinsart*. Er ist, genau genommen, der Stil, der unser Wohnen in dieser Welt kennzeichnet.

II

Ethos ist damit zugleich auch Gewohnheit, Vertrautheit, Ruhe und Sicherheit. Ethik ist demnach weniger eine Summe von Normen und Gesetzen, die zu befolgen sind, *als vielmehr die mitunter etwas eintönige oder sogar einengende, aber jederzeit beruhigende und wärmende Sphäre des Ortes, in dem wir beheimatet sind*. Denn unser Zuhause gehört uns; es ist uns wohlbekannt. Es ist kein Gegenstand, sondern spiegelt unsere Gewohnheiten und unser Wesen wider. Das ist zunächst alles: *Ethik ist unser Zuhause – das Haus, in dem wir wohnen.* Nicht mehr, nicht weniger. Aber haben wir in der heutigen Welt überhaupt noch ein Zuhause? Und wenn nein: Was bedeutet das für die Zukunft der Ethik? Wohin müsste sich das von diesem Begriff Bezeichnete dann bewegen?

III

Das Haus ist das Innen. Es ist der Raum, der keine Ausdehnung besitzt, aber sich unmittelbar als Ort des An-sich-Seins oder der Identität darstellt. Es ist die Dimension des Gewissens: Das heißt eines Wissens über sich, das sowohl das Sein als auch das Handeln umfasst. Eines Wissens, das uns in einer Bewusstheit bei uns selbst hält, und das, indem es unser Sein von innen heraus erleuchtet, zugleich auch seine eigene Haltung überwacht. Die Grenzen des Hauses sind fühlbar und erkennbar; und alles, was unverständlich oder unkontrollierbar erscheint, bleibt außerhalb von ihm. Vor dem Fremden ziehen wir uns in das häusliche Refugium zurück, um das Andere von dort aus zu betrachten, zu verstehen, uns mit ihm bekannt zu machen. Das Haus bietet nicht nur Schutz, sondern auch einen Bezugspunkt. Es ist Orientierungshilfe, die wir kontinuierlich in Anspruch nehmen, und die uns erst vollgültig zu Einzelnen macht. Das Haus ist die Instanz schlechthin.

IV

Die Moral ist eine Beziehung zum Haus. Sie ist die Beziehung zu einem Innen, das wir nicht entbehren können, in dem wir beheimatet sind. Wir verlassen es in Wirklichkeit meist nicht einmal dann, wenn wir fortgehen, um in fremden Fernen nach Abenteuern zu suchen. Wenn wir handeln: Wenn wir zur Welt und zu den anderen in Beziehung treten, wenn wir uns nach außen hin *aussetzen*, dann geht damit *immer* die Beziehung zur Innerlichkeit einher. Aus ihr können wir uns nie gänzlich lösen, ohne uns zu verlieren.

V

Entspricht aber diese Innerlichkeit wirklich einem *friedlichen* Behaust-Sein? Ist dieser Ort wirklich so hell und wohnlich?

Bedenken wir in unserem Normalbewusstsein, hier und jetzt: Ein innerer Ort, der im Gegensatz zur Äußerlichkeit über keine Ausdehnung verfügt – erscheint er uns tatsächlich nicht als etwas Eigenartiges, *Unvorstellbares*? Das Geschlossene, Abgesonderte des Hauses – besteht es vielleicht doch nur für den, der aus ihm ausgeschlossen ist? Oder haftet es dem Heim im Zeichen der Innerlichkeit an, sich ins Dunkel zurückzuziehen – sich der Sichtbarkeit und Vorstellungskraft des Tages-Bewusstseins zu entziehen?

Die gemeinsame Wurzel der Worte *Heim, geheim, Geheimnis* und *heimlich* scheint dies nahezulegen. Die *Heimlichkeit* mit ihren Konnotationen des Unbekannten und Verborgenen als Folge von Absonderung scheint für das Ich-Bewusstsein eng mit dem *Heim*, dem häuslichen Herd verwandt zu sein. Die Sphäre des Vertrauten erweist sich stets und von Anfang an befleckt durch dasjenige, was eigentlich von ihr ausgeschlossen werden sollte: durch das Unbekannte und Fremde – eben „das Äußerliche".

VI

Doch ist das Äußerliche nicht genau das, was sich selbst vorzeigt, manifestiert, entfaltet – während sich das Innere zurückzieht und verbirgt? Worin und wofür zeigt sich das eine, und wovor zieht sich das andere zurück? Ist etwa auch derjenige, der im Innern wohnt und dort daheim ist, zuletzt selbst – und vor allem: *vor* sich selbst – ein Verborgener? Ist nicht der Ort, an dem wir wirklich *sind*, vornehmlich das, was sich dem Blick entzieht: Das Unsichtbare?

Verwirrung aller Bezüge: Das ist das Schicksal desjenigen, der näher auf die Wirklichkeitssphäre des Moralischen in Bezug zum Ethischen hinschaut. Das Innere, die Nähe, das Hier und Jetzt unseres Selbst entgehen uns. Was wir für das Nächste und Vertrauteste halten, trägt in sich das unauslöschliche Mal von Fremdheit und Ferne. Das An-Sich, die Identität, die Selbstheit: Sie sind zuletzt für mein normales Bewusstsein aus dem Material der Andersheit geformt.

Diese Andersheit verwehrt der Unmittelbarkeit des Selbst, in sich zu ruhen, mit sich selbst zusammenzufallen. Daher entsteht für das Subjekt und sein Gegenstandsbewusstsein unweigerlich immer ein blinder Fleck gerade im Innersten der Gegenwart, eine Trübung in seiner unmittelbaren, ichhaften Vertrautheit mit der Gegenwart. Es entsteht eine Dissonanz, welche die Gegenwart, in ihrem schieren Hier-Sein, für das Ich stets mit sich zu bringen scheint.

VII

Die Wahrnehmung dieser für das eigene Bewusstsein ganz eigenartigen Fremdheit des Vertrauten, dieses Anders-Sein des normalen Ich im innersten Selbst, das ein Zusammenfallen der Anwesenheit des normalen ethischen Ich mit seinem moralischen Selbst verhindert, erzeugt zuweilen Verunsicherung. Genauer: Sie erzeugt Unheimlichkeit – eine *Un-Heim-lichkeit* nicht weil man das Heim verlassen hätte, sondern weil sich das Heim plötzlich dem für sich selbst wachen Bewusstsein des Tages verbirgt und mit einem Mal unkenntlich geworden ist. *Bei sich sein* ist für das *normale* Ich-Bewusstsein daher letztlich alles andere als ein beruhigender Zustand. Denn es bedeutet, dass man sich dem Unsichtbaren und Unbekannten aussetzt, das immer dann gegeben ist, wenn sich ein Innen vom normalen Ich-Bewusstsein abgrenzt. Im von meinem normalen Ich abgegrenzten Innen meldet sich das ausgegrenzte Außen wieder zu Wort. So ist gerade das innerste Eigene in imponderabler Weise stets dem Fremden, dem Ausgeschlossenen ausgesetzt – nämlich einer Unfassbarkeit, in der jede Anwesenheit untergeht. Dem blinden Fleck, von dem jegliches Leuchten ausgeht.

VIII

Das Unheimliche ist zuletzt jenes Erschreckende, das ins Vertraute einbricht. Unheimlichkeit bedeutet Nicht-Zuhause-Sein. Wer ist nicht zuhause? Das Bewusstsein meines Ich. Wo ist es nicht zuhause? In der Sphäre des ethischen Innen.

Mit dieser Erkenntnis löst sich Alltäglichkeit auf. Die Unheimlichkeit verfolgt nun das Dasein, und sie bedroht unterschwellig seine alltägliche Gestalt. Es folgt daraus eine eigenartige Befindlichkeit, die sich dann einstellt, wenn das Haus, der Ort, den wir bewohnen, uns kein Gefühl der Gewohntheit und Geborgenheit mehr vermittelt, sondern plötzlich seltsam und sogar in gewisser Weise bedrohlich wirkt. Er wirkt bedrohlich, weil er unser normales Bewusstsein in Frage stellt. Aus der Vertrautheit, dem Zutrauen, das man zum Haus hat, wird für das Bewusstsein Schrecken und Bedrohtheit, wird Angst im Angesicht des moralischen Innen. Wir sehen uns, mit der eigenen moralischen Sphäre konfrontiert, dem Unkontrollierbaren, Undefinierbaren, Bodenlosen ausgesetzt. Dieses stellt in seiner Unsichtbarkeit entweder ein Zuviel oder ein Zuwenig dar, eine Leere oder eine Fülle, eine Anwesenheit oder eine Abwesenheit, und immer wechselnd, nie vorhersehbar. Daher erstickt oder verwirrt es uns, weil es uns einschließt und öffnet zugleich.

IX

Das Gefühl des „Nicht-Zuhause-Seins", des Irrens befällt uns aber nicht, weil wir den uns vertrauten Wohnort des normalen Alltagsbewusstseins bei Kontakt mit dem Moralischen verlassen haben. Sondern weil wir dabei das wahrnehmen, was uns sonst die Gewohnheit verbirgt. *Unheimlich ist das, was ein Geheimnis hätte bleiben müssen, und statt dessen ans Licht gekommen ist.* Und wenn es enthüllt wird, dann wird dadurch das Unbekannte nicht etwa aufgehoben, sondern es gibt sich vielmehr als Unbekanntes zu *erkennen* – als etwas, was vom gewöhnlichen Ich-Bewusstsein nicht erkannt werden kann. Erschrecken ist die Reaktion. Das Haus birgt immer ein Geheimnis, das nicht gelöst, sondern lediglich dadurch gehütet werden kann, dass uns die Gewohnheit vom Ort ablenkt, an dem wir uns immer bereits schon befinden. Das Ende des 20. Jahrhunderts ist bereits auf diesen eigenartigen Ort gestoßen; das 21. Jahrhundert wird mit großer Anstrengung versuchen müssen, dort zu verweilen und sich dem zu widmen, was von der nur scheinbaren Durchsichtigkeit des Vertrauten verborgen wird: Dem *Unheimlichen.*

X

Auf völlig verschiedenen Pfaden und mit völlig verschiedenen Zielen unterwegs, hat das Terrain *jedes* Einzelnen – das psychische Terrain des einen und das ontologische des anderen – mit Nähe, mit Anwesenheit, mit dem An-Sich und seinen Dialektiken zu tun. In diesen Dialektiken lebt Moral. Genauer: *Jedes* Subjekt hat existentiell ständig, sei es nun bewusst oder unbewusst, mit einem Bruch zu ringen, der sich in dem auftut, was wir „eigentümlich" nennen. Denn der Blick, das Bewusstsein dieses „Eigentümlichen" ist aus dem Stoff des „Uneigentümlichen" geformt. Es ist die Unmöglichkeit, sich in das einzuschließen, was das andere ausschließt. Es gibt ein Außen, das nie Eigentum des Hauses werden wird.

XI

Den Schritten zwischen dem Haus und dem Nicht-Haus des Bewusstseins, also zwischen Ethik und Moral, wird die Aufmerksamkeit des 21. Jahrhunderts gelten müssen – mehr noch als dem Ziel, sie zu versöhnen. Denn das Ziel der Versöhnung zwischen Innen und Außen entzieht sich immer genau dann, wenn es erreicht scheint, von neuem dem Zugriff. Es ist stattdessen die Erfahrung des Unterwegs-Seins, was dem Denken den Takt vorgibt, und die es so beständig aus seiner Verankerung, aus seiner Fixiertheit auf Ideen oder Begriffe löst – die seine Fähigkeit, sich zu ethischen Vorstellungen zu formen, in Frage stellt, worin die Zukunft des Moralischen liegt. Moral ist Lösung, wenn nicht Auflösung – nicht Befestigung wie Ethik. Bewegung ist keine Linie der Fortbewegung zu einem nahen oder fernen Ziel, von einem Hier zu einem Dort. Sondern sie ist ein *Gehen an dem Ort, an dem man bereits ist*. Es gibt im Hinblick auf die Wirklichkeit des Moralischen keine Folge von Schritten, sondern nur *einen* Schritt, der nicht fortschreitet und auf den kein weiterer folgt. Es gibt nur ein Sich-Vorbeugen, ohne an einer *neuen* Stelle ein *neues* Gleichgewicht herzustellen und *neuen* Stand zu finden. Moral ist Bewegung hin auf ein immer instabileres und durchlässigeres Hier. Nähe oder Gegenwart ist dabei stets ein Wald der Holzwege, uneinnehmbar und ohne Auswege. Seine Pfade verlaufen im Dickicht, im Unbekannten, im Unerkennbaren, im Unkontrollierten und Ungeordneten. Und in diesem „Herzen" des Waldes können wir niemals das Bild wiedererkennen, das wir uns von ihm gemacht haben, als wir ihn von außen betrachteten.

XII

In die Nähe des Moralischen eintreten, sein Leuchten erfahren: Das bedeutet, sich seiner Uneinnehmbarkeit zu stellen – jenem Nabel, in dem der Traum versinkt und wo die Deutung unterbrochen wird. Jenem Dort, wo der Wunsch wurzelt und seine Enthüllung hätte stattfinden müssen. Die Lösung ist zugleich das Offenkundigwerden einer unaufhebbaren Verborgenheit, aber auch desjenigen Knotens, den keine Analyse lösen kann.

Das Eigene, wie es im Moralischen erscheint und in dem das Moralische sich offenbart, ist der Ort eines Geheimnisses, einer Chiffre, der wir uns gewöhnlich durch die Illusion zu entziehen versuchen, dass unser Ich-Bewusstsein *Herr* des eigenen Hauses ist – und dass es im gewohnten Alltag und in der vertrauten Umgebung zuhause bleibt. Nichts aber entfernt uns mehr vom Eigenen, nichts ist in Wahrheit „unauthentischer", als dieses vermeintliche Eigentumsrecht. Die scheinbare Sicherheit, zu der es uns verleitet, ist das Ergebnis eines vorgefertigten, genormten und steril gemachten Wissens: Es ist frei von den Keimen der Andersheit, mit denen wir bei der Annäherung an uns selbst, etwa in der Begegnung mit der Fremdheit unseres Todes oder auch unserer Geburt in Berührung kommen.

Die Authentizität jedoch, die zu sich selbst zurückkehrt, lässt ihrerseits nicht etwa Ruhe einkehren: sie bringt uns weder die Fülle eines verlorenen Ursprungs noch die hinter verfremdenden Fiktionen scheinbar verborgene Wahrheit zurück. Sondern sie setzt unser normales Bewusstsein jener radikalen Andersheit aus, aus der wir letztlich bestehen: Dem Nichts, der Unbestimmbarkeit, die alle Bilder aushöhlt, mit denen wir uns zu identifizieren vermeinen und in die wir alle Dinge und die Welt einschließen. Sie setzt uns, vor allem, der un-heimlichen *Einfachheit* aus, in die sich die Nähe des Moralischen immer dann zurückzieht, wenn wir sie *erfassen* wollen.

XIII

Ein auf diese Weise für mein Ich *unheimliches* Haus ist, so sagt man, ein Haus, in dem es spukt. Gespenster wohnen darin, unsichtbare und unfassbare Anwesenheiten, die aus der Vergangenheit, aus dem Jenseits, aus dem Totenreich auftauchen, in die gesicherte Gegenwart und in das Leben einbrechen. Meist verbannen wir solche Dimensionen in das Gebiet des Grusels: Sie finden ihren Raum in der literarischen oder filmischen Fiktion. Aber wir verkennen so das Eigentümliche des Hauses, das darin besteht, *das Geheimnis zu hüten*: Dasjenige zu beherbergen, was unserem Ich-Bewusstsein fremd bleibt und sich in seiner Ungelöstheit und Andersheit darin ein Leben lang wiederholt.

XIV

Es handelt sich beim Ort der moralischen Dimension also vor allem um ein *Geheimnis*, das weniger auf eine transzendente Dimension im herkömmlichen Sinn noch auf überirdische Mächte verweist. Sondern dieser Ort ist das Zeichen einer nicht definierbaren Einzigartigkeit. Er ist jener Aspekt des Menschen, der nicht verallgemeinert werden kann, und sich damit dem Zugriff von männlich-abendländischer Erkenntnis und Diskurs, dem *Logos* also, entzieht. Das Eigene lässt sich nicht in einen Begriff oder in ein Gesetz fassen. Seine Einheit gehört nicht dem Universalen oder der Vereinheitlichung an, sondern der Einzigkeit. Es besteht in dem Geheimnis jenes stets übrig bleibenden Rests, der die Rechnung nicht aufgehen lässt und als Störfaktor bestehen bleibt.

XV

Auch keine Ökonomie, nicht einmal der Libido, kann das „bewältigen". Das Paradoxon der Ökonomie besteht darin, dass sie bei all ihren Berechnungen indirekt letztlich doch immer dasjenige hervortreten lässt, was unberechenbar und unvorhersehbar ist. Es ist eine „Gastfreundschaft", welche die Fremdheit des Anderen im

Kern des Moralischen bestehen lässt, so dass das Innere in seiner lebendigen Fülle erhalten bleibt. Der vollständige ökonomische Ausgleich zwischen Einnahmen und Ausgaben aber, die volle Kontrolle über die Bewegungen zwischen Innen und Außen, die absolute Berechnung der Ergebnisse festigen und mehren den Bestand des Hauses nicht, sondern sie zerstören ihn. Und mit ihm auch die für den Bestand des Hauses wesentlichen Dimensionen des Verbergens in seinem Bezug zum Bergen.

XVI

Was von der Ökonomisierung des Moralischen daher „übrig" bleibt, ist niemals, wie erhofft, ein stabiler und bekannter Kern. Sondern es ist das, was dem Bewusstsein *nicht* assimiliert werden kann: Die Einzigartigkeit, die sich jeder Definition – und damit jeder Ökonomisierung – entzieht. Was bedeutet das?

Die Reise nach dem moralischen Innen setzt uns der Äußerlichkeit aus, den Grenzen und Bruchstellen des Wissens und des Diskurses. Sie führt uns an denjenigen Ort der Vertrautheit, mit dem sich zugleich Wunden und Verletzungen für das Bewusstsein auftun. Sie führt uns in die Blendung, der wir uns – aller Bilder entblößt, mit denen wir uns identifizierten – ausgesetzt haben, als wir nach dem Moralischen suchten. Wir stoßen auf einen nicht assimilierbaren Rest, welcher der Ökonomie des Subjekts ein geordnetes Endergebnis und Wachstum verwehrt. Jene Instanz im Ich oder im Subjekt, die ethischen Besitz ergreifen oder beherrschen will, wird ständig von dieser moralischen Restfunktion gestört. Für diese Störung aber gibt es weder Bilder noch Symbole – sie ist ein Teil des „Realen".

XVII

Das Reale ist das, was ich nicht besitzen – und also auch nicht „erfassen" kann. Es ist etwas anderes als das, was ich „kennen" kann. Und es kehrt immer wieder an denselben Ort zurück. Sein Verweilen und Bestehen ist bei genauerer Betrachtung keine freundliche und beruhigende Anwesenheit. Sondern es trägt eher den Charakter des Spuks, der mich immer wieder heimsucht, ohne sich je in das Haus einschließen zu lassen oder gar meinem Bewusstsein vollkommen vertraut zu werden. Der Spuk ist ein Gast, zu dem man kein Vertrauen aufbauen kann; seine Anwesenheit ist eine Bedrohung. Es ist die Anwesenheit von etwas, das man nicht kontrollieren kann, und von dem man sich auch nicht befreien kann. Vielmehr wird man von ihm besessen.

XVIII

Doch warum sollte der Spuk etwas Bedrückendes sein? Der Spuk, das Gespenst, wie es die Psychoanalyse nennt, plagt uns durch seine Unfassbarkeit. Es ist nicht als *wirklich* begreifbar, es nährt sich, so scheint es uns, von Fantasien und Vorstellungen – und es ist doch auch keine reine Fiktion oder Täuschung. Denn es hat nur allzu reale Auswirkungen. Seine Realität ist nicht eine durch das Bewusstsein gefilterte, an einen Gegenstand oder an Ort und Zeit gebunden, wie sie uns gewöhnlich zur Verfügung stehen. Das Gespenst ist der Wiedergänger dessen, was verdrängt wurde. Es bewohnt uns unsichtbar, und es ist immer anachronistisch, unangebracht und unvorstellbar.

XIX

Trotz seiner Unsichtbarkeit aber richtet das „moralische" Gespenst ständig seinen unheimlichen Blick auf uns. *Sein* ist der Blick, der uns, von Bewusstsein und Ich losgelöst, am Sehen hindert – und die geometrische Ordnung unseres Bildes unterminiert, ja oft genug zerstört. Unser vertrautes Bild zeigt mit einem Mal seine Kehrseite: Es ist die Unvorstellbarkeit eines Blicks, den das Bewusstsein verzweifelt – und vergebens – unter Kontrolle zu bringen versucht. Verwirrt und gelähmt stehen wir vor der Erkenntnis, dass unser Wissen gescheitert ist. *Wir machen am Phänomen der Moral die Erfahrung dessen, was wir in der Sprache unseres Normalbewusstseins Angst nennen. Was uns zu überwältigen und zu verschlingen droht, weil wir es weder sehen noch erkennen können, ist nicht ein Gegenstand: sondern es ist die Nähe selbst.*

XX

Daher gilt zusammenfassend: Obwohl das Gespenst des Moralischen regelmäßig wiederkehrt, wird es für das Ich nie zur vertrauten Gewohnheit werden oder Stabilität vermitteln. Denn was hier wiederkehrt, lässt sich in seiner Heterogenität nicht in räumliche oder zeitliche Kategorien einordnen. Seine ständige Wiederkehr vermag Gehetztheit und Getriebenheit des Ich heraufbeschwören. Das ist ein Grund dafür, warum die *Postmoderne* in einem Wiederholungszwang besteht, einer sinnlosen Kreisbewegung, die uns unweigerlich immer wieder zu dem zurückbringt, vor dem wir fliehen wollen, und die nur im Tod des Ich ein Ende finden kann. Die (moralische) Andersheit im Eigenen überwältigt dieses Ich.

XXI

Warum Wiederholung? Die Wiederholung besteht aus der Wiederkehr von etwas, das nicht assimilierbar ist. Sie ist folglich der Ort einer Differenz, einer Heterogenität, von der nicht nur Ordnung und Gesetz in Frage gestellt werden, sondern auch Identität und Anwesenheit am Zusammenfallen mit sich selbst gehindert werden. Es handelt sich, streng genommen, um ein immer neu eintretendes Ereignis, das überraschend über den Plan des Ich-Bewusstseins hereinbricht und ihn aus außer Kraft setzt. Das Andere tritt auf den Plan – in all seiner Außergewöhnlichkeit. Weil dieses Andere weder Ruhe noch Gleichgewicht zulässt, kann man ihm den mythischen Namen *Eros* zuweisen. *Im Eros des Moralischen besteht diejenige Dimension des Lebens, die nicht eingefangen werden kann, die sich dem Anderen aussetzt, Unterschiede und Abweichungen bewirkt, die das Einzigartige dem Zugriff von Regel und Gesetz entzieht, Automatismen außer Kraft setzt –* und das nicht zuletzt, wenn auch nicht ohne Mühe, dem Todestrieb den Boden streitig macht.

XXII

Worauf bezieht sich demnach die *Ethik des Unheimlichen*, die die Ethik des 21. Jahrhunderts – und des Kommenden sein wird?
Sie bezieht sich auf die Möglichkeit, die Nähe zu bewohnen. Sie bezieht sich darauf, den Ich-Bewusstseins-Druck zu schwächen, der uns von ihr entfernen will, indem er uns gerade unsere Identität zum Gefängnis werden lässt. Es geht dabei nicht darum, über die Gräben zu springen, die diese Identität umgeben, auf andere Identitäten oder Kulturen überzugehen oder den Ort zu verlassen, an dem wir sind, um in die Ferne zu reisen, oder immer neue Welten und Szenarien zu ersinnen. Die Ethik des Unheimlichen ist nicht Neugier für das Andere, weil es anders und neu ist; und sie ist auch nicht die Fähigkeit, sich aus sich, aus dem eigenen Haus heraus in das Andere zu versetzen, um dessen Blickwinkel zu übernehmen oder sich in der Andersheit zu verlieren.
Es geht nicht darum, die Identität oder den Diskurs oder die Vernunft mittels des Moralischen zu überwinden; denn diese fußen auf dem Prinzip der Ich-Identität, die wir auch weiterhin benötigen werden. Sondern es geht stattdessen darum, den Rest, den Unterschied, das Geheimnis nicht zu vernachlässigen, das sich durch die Existenz des Moralischen hindurchzieht und das das Ich-Bewusstsein, Grenzen und Definitionen verwischend, aus dem Konzept bringt – und damit diejenigen Macht- und Gewaltmechanismen außer Gefecht setzt, die jede Erstarrung von Identität und Wissen begleiten.

XXIII

Was bleibt?
Das „Andere", das vom Unheimlichen des Moralischen heraufbeschworen wird, will *nicht* Frieden stiften. Es will *nicht* zu Lösungen gelangen. Es verspricht weder Harmonisierung noch Einigung. Es ist, im Gegenteil, das *bleibend Fremde*, weil es jenem Innen anhaftet, das sich verändert – jener Vertrautheit, die nie Besitz sein wird. Es ist die Falte der Einfalt, die das Ich seiner Einfältigkeit beraubt.

XXIV

Die Nähe des Unheimlichen bewohnen, sich in ihr aufhalten wollen, das ihr eigene Potential an Verborgenheit und Rückzug nicht verkennen wollen – das ist die Haltung, die dem Denken des Moralischen heute zusteht. Unvermittelt finden wir uns dergestalt im Bereich des „Cogito" wieder, den wir mit unserer Bewegung auf das Moralische hin schon lange verlassen zu haben wähnten. Doch der Bereich des Denkens erscheint uns nun ganz anders als am Anfang. Er zeigt sich als die Selbstvergegenwärtigung, als das Bewusstsein über den Zweifel an der Wahrheit dessen, was außerhalb liegt, und sich in einem Körper konstituiert. Das moralische Leuchtsignal erweist sich als Falte oder Webfehler im Gewebe der Erkenntnis, und anstatt ihr zu dienen, bleibt es draußen vor, weil die gewöhnliche Verstandes-Erkenntnis nicht in der Lage ist, es in seine Kontinuität einzugliedern. Und so kommt das Denken am Rest der Einzigartigkeit sowohl zu Fall wie zum Vorschein.

XXV

Was bedeutet das? Was wird es bedeutet haben – irgendwann?
Die Unheimlichkeit des Moralischen besteht darin, dass das „normale" Denken immer wieder die Oberhand gewinnt. Nichtsdestotrotz setzen wir uns unterschwellig unweigerlich stets dem ewig Ungelösten aus; treten der Andersheit gegenüber, die jede vermeintlich feste oder absolute Ordnung in Frage stellt. Denn so und nicht anders ist das Haus beschaffen, das wir bewohnen. Es bietet wenig Komfort oder Schutz, aber es lässt uns atmen und leben.
Und das Moralische in unserem Innern? Es zeigt uns: Wir halten Wissen und Denken zu Unrecht für dasselbe. Die Begierde des Moralischen weist auf eine Leere in uns hin, einen Mangel des Bewusstseins. Für das gewöhnliche Verstandesbewusstsein bleibt es ein Tappen im Dunkeln. Was tun also?

Wir können ungeduldig auf das Licht des Moralischen warten – oder alle unsere Bemühungen daran setzen, die um es herum bestehende Leere wie auch immer zu füllen. Wir können aber auch, anstatt uns gegen die Nähe zu wehren, in ihrem Dunkel verweilen. Und dann können wir, vielleicht, manchmal, in ihrer Fremdheit einen neuen Weg sehen, den es trotz aller Ungesichertheit zu entdecken gilt.

Seele, Text, Praxis
Über die Schriftabhängigkeit der Moral

Carlo Sini

Was soll Subjekt heute bedeuten? Und was ist es im Hinblick auf Moral und Ethik im besonderen?

I

Die abendländische Tradition kennt viele Konzepte von Subjektivität. Sie reichen von der metaphysischen *Substantia* über die christliche *Anima* bis hin zur Moderne, in der das *Cogito Descartes'* erstmals restlos an den *freien Willen* des Subjekts gekoppelt wurde, um schließlich in *Friedrich Nietzsches Willen zur Macht* seinen vorläufigen Höhepunkt zu finden. All diese Konzepte fußen mehr oder weniger unmittelbar auf der einen, ursprünglichen und gewaltigen philosophischen Revolution, die von *Platon* ausgelöst wurde. Ihr verdanken wir jene ebenso anfängliche wie grundlegende *Psychisierung des Menschen*, die ich die abendländische „Strategie der Seele" nennen möchte. Ich meine damit die Verinnerlichung und Transfiguration der Welt durch „die Stimme" – durch jene *innere Stimme* nämlich, die *Sokrates* als erster vernahm und zum Grundthema all seiner moralischen Fragen erhob.

II

Die „Strategie der Seele" ist der Geburtsort des abendländischen Individuums als eines logischen, psychologischen, metaphysischen und moralischen Subjekts. Diese Strategie verdankt ihre Existenz jener außergewöhnlichen Umwälzung, die sich, bedingt durch die damals neue Praxis der Verschriftlichung, in Griechenland angebahnt und durchgesetzt hat. Der Übergang von der Praxis des *gesprochenen Wortes* zu jener der *geschriebenen Buchstaben* hat das Wort aus seiner direkten

Verbindung mit der lebendigen Situation, mit den Handlungen des Körpers, mit dem unmittelbaren und beidseitigen Ausdruckwillen im Dialog gelöst. Damit wurde erstmals so etwas wie „Sprache" isoliert – und im Wortsinn sichtbar gemacht.

III

Damit wurde aber zugleich auch der körperliche Aspekt des lebendigen Sprechakts durch eine vereinbarte, daher arbiträre und indifferente Erscheinungsform ersetzt. Es wurde die Grundlage für die Unterscheidung zwischen Signifikat und Signifikant geschaffen, die seit Aristoteles selbstverständlich und kanonisiert ist. Ebenso stellte dieser Übergang vom gesprochenen ins geschriebene Wort den Ausgangspunkt für alle späteren semantischen und semiologischen Theorien dar – auch wenn zahlreiche kritische Stimmen gerade deshalb den „Logozentrismus" unserer europäischen Tradition beklagen.

Auf diese Weise *ist das geschriebene sprachliche Zeichen zum Modell für die Unterscheidung zwischen Körper und Seele* geworden. Diese Unterscheidung verkörpert ihrerseits wiederum die Essenz der sokratisch-platonischen Strategie. Denn damit entsteht die „mens logica": als Folge der Verschriftlichung und ihrer „Manufakte".

IV

Was hat das mit Moral und Ethik zu tun? Mit ihrer Gegenwart, mit ihrer Zukunft?

Ethik ist nicht ohne Praxis denkbar. Und Praxis ist, vor allem seit dem beschriebenen Übergang, immer Praxis des Subjekts. Es ist daher der Begriff von „Praxis", dem wir den aktuellen und künftigen Sinn des Wortes „Ethik" einerseits und die damit zusammenhängende Standortbestimmung und Funktion des Subjekts andererseits anvertrauen müssen. Was aber sollen wir unter „Praxis" verstehen? Was wird Praxis in den kommenden Jahren sein können?

Der Begriff der Praxis hat eine lange Tradition in der Philosophie – von *Bruno* über *Spinoza, Hegel, Marx, Husserl, Heidegger* und *Peirce* bis hin zu *Foucault*. Eines der schönsten Beispiele für das, was mit diesem Begriff gemeint ist, schildert *Ivan Illich* in seiner Schrift „Im Weinberg des Textes" (1993) – einer bemerkenswerten Abhandlung über die Ethologie des Lesens, die sich mit dem Thema der „Textgeburt" beschäftigt.

„Textgeburt" ist hier doppeldeutig gebraucht: Geburt *des* Textes, Geburt des Subjekts, der Welt *durch* den Text. Bei der „Textgeburt" handelt es sich um eine Revolution in der Geschichte des Alphabets sowie der Lese- und Schreibpraktiken, die diese Geschichte gekennzeichnet haben. Es handelt sich um einen Vorgang im Untergrund, der lange vor der Druckkunst und dem gedruckten Buch begonnen hat. Er hat weitreichende Veränderungen in den Subjekten bewirkt: *Unhörbare* Veränderungen, die für das weitere Schicksal der abendländischen Kultur maßgeblich mit verantwortlich waren, einschließlich der Revolution durch den Buchdruck. „Textgeburt" also – worum geht es dabei?

V

Die Grundthese *Illichs* besagt, dass die Entstehung des „Textes" zwischen dem 12. und 13. Jahrhundert eine außergewöhnliche und folgenschwere Neu-Erfindung war. Vor der Erfindung des „Textes" gab es weder Schriften noch Bücher; die Pergamentrollen der Bibel zum Beispiel waren nicht wie ein „Text" organisiert, und sie waren auch nicht so gemeint. Sie folgten keinem Aufbau mit Inhaltsverzeichnis, Kapiteln, Absätzen und Überschriften; und ebenso wenig hatte man daran gedacht, ein alphabetisch geordnetes Verzeichnis der Themen oder Namen anzulegen. Die Bibel war einfach eine Ansammlung von Pergamentrollen mit einem beträchtlichen Gewicht, die im Sakralbau auf einem riesigen Lesepult in der Mitte des Chores aufbewahrt wurde. Die Lektüre dieser Rollen hatte nichts mit unserer stillen Lektüre von Büchern gemeinsam, mittels derer wir auf einem streng rationalen Weg unser Wissen erweitern wollen. Die Bibel wurde dem Gedächtnis eher wie eine Nahrung einverleibt. Sie wurde durch die *hörbare Stimme*, die sie „anstimmte", immer wieder von neuem „wiedergekäut", um sich so dem Ohr und dann dem Gedächtnis einzuprägen. Es gab eine „heilige Lesung"; aber es gab noch keine „profane Lesung" eines „Textes". Und es gab folglich auch keine „Leser" im heutigen Sinn – Menschen, die sich durch Lesen und Studieren von „Texten" bilden. Es gab keine Unterscheidungen zwischen verschiedenen Sorten und Fachbereichen von Texten im heutigen Sinn, so wie sie von der abendländischen Kultur später dann geschaffen worden sind.

VI

Doch es existierten Klöster und Abteien, in denen die Mönche mit hörbarer Stimme *für alle* vorlasen. Sie lasen vor für eine Gesellschaft, die vorwiegend aus Analphabeten und Ungebildeten bestand. Sie lasen vor nach einem Ritual: alle gemeinsam und zu einer bestimmten Tageszeit. Und sie käuten das Gelesene dann immer von neuem murmelnd wieder, bei der Gartenarbeit oder beim Butterschlagen: *Ora et labora*. Aus keinem anderen Grund als diesem wurde die Kuh zur Metapher für den Mönch: Er käute das Gelesene wieder, bis die lebendige Stimme ins – vergessliche – Gedächtnis übergegangen war.

VII

Dass es unter diesen Umständen überhaupt zur Entwicklung des „Textes" gekommen ist, liegt an einer Verkettung von Umständen. Darunter sind vor allem die Technik der Papiererzeugung, die aus China übernommen wurde; dann die Entwicklung von verschiedenen Klebemitteln, der Tinte und des Buchdeckels. Das Zusammenspiel von technischen Errungenschaften und neuen Entdeckungen des Wissens führte schließlich zur Geburt des Buches – dieses zunächst höchst außergewöhnlichen Gegenstandes, den man als kompaktes und einheitliches Gebilde in die Hand nehmen, mit sich tragen, auf das Nachtkästchen legen konnte, und in dem man, innerhalb weniger Augenblicke und sooft man wollte, kurz nachschlagen oder auch länger schmökern konnte. Für uns ist das alles längst zur Selbstverständlichkeit geworden; aber das, was für uns alltäglich ist, hat der Kultur des Abendlandes zwischen dem 12. und 13. Jahrhundert eine völlig neue Richtung gegeben. Es hat zugleich sowohl die *Erfahrung von Wahrheit* als auch die *Gestalt des Subjekts und seiner Ethik* von Grund auf verändert.

VIII

Unter einer Bibel stellen wir uns heute das Buch irgendeines einschlägigen Verlags vor. Im Hochmittelalter aber gab es das *Buch „Die Bibel"* nicht. Der Mönch las mit lauter Stimme die einzelnen Zeilen; und sein Auge fand sich unter den einzelnen Rollen nur mit Hilfe der prachtvollen Miniaturen zurecht, die, wie *Dante* es nennt, die Seiten während des hörbaren Lesens „anleuchten". Man hatte es faktisch mit einem Gewirr von Bildern und Wörtern zu tun. Und um sich nicht darin zu verirren, ging man so vor, wie wir Europäer es im allgemeinen beispielsweise in einer großen, fremden Stadt wie Tokio tun: Weil wir weder die Schrift noch die Sprache kennen, merken wir uns Orientierungspunkte wie Gebäude oder Leuchtreklamen. Ohne diese Anhaltspunkte würden wir weder wissen, wo wir uns befinden, noch könnten wir es uns von irgendjemandem erklären lassen.

IX

Obwohl das Alphabet schon lange vor Christus benutzt wurde, hatte bis ins 12. Jahrhundert niemand daran gedacht, es systematisch für wichtige gesellschaftliche Zwecke zu nutzen. Das ist eine Tatsache, die zunächst verwundert. Der Grund dafür war aber nicht Gedankenlosigkeit oder ein Mangel an Fantasie. Sondern der Grund liegt darin, dass das damalige Leben und Wissen ganz einfach nicht des Alphabets bedurften. Sein fehlender Einsatz stellte keinen Mangel dar; und seine Einsatzmöglichkeiten waren zu uninteressant, um viel darüber nachzudenken. Interessant wurden die Buchstaben und ihre Verwendungsmöglichkeiten *per se* erst dann, als ein *komplexes Zusammenspiel verschiedener Praktiken zusammen mit einer Reihe von ausgesprochenen Zufällen* sie verständlicher, attraktiver und allgemein erreichbarer machten.

X

Das Alphabet wurde, um nur ein Beispiel zu geben, sehr lange Zeit von niemandem dazu benutzt, die Mundart, also das gesprochene Idiom, aufzuschreiben. Niemandem wurde bewusst, dass diese in der Menschheitsgeschichte wohl einzigartige Erfindung durchaus in der Lage war, alle Sprachen aus allen Zeiten zu verschriftlichen. Und niemandem war der potentielle Wert dieser Verschriftlichung bewusst. Im Mittelalter ging man, eher bewusst als unbewusst, davon aus, dass das Alphabet automatisch und beinahe ausschließlich an die lateinische Sprache gebunden sei, durch die es seit Jahrhunderten transportiert wurde. Lesen und schreiben war gleichbedeutend mit lateinisch lesen und schreiben.

Man wusste auch über das Alphabet als solches im Grunde nur oberflächlich Bescheid. Es gab keine Theorie der Buchstaben, die erklären hätte können, wie diese knappen zwei Dutzend Zeichen den Lautbestand gesprochener Gebilde auch für denjenigen festhalten konnten, der das gesprochene oder geschriebene Wort nicht kannte. Das Alphabet entstand, wie vieles andere auch, innerhalb ganz bestimmter kultureller, gesellschaftlicher und sozialer Praktiken. Und es brauchte Jahrtausende, bis es in eine Theorie eingebunden wurde, die seine Anwendungsmöglichkeiten erfasste und ständig erweiterte. Erst ab diesem Zeitpunkt, der mit dem Übergang vom 12. ins 13. Jahrhundert zu bestimmen ist, konnten erstmals „Literaturen" entstehen, wie etwa die italienische, die provenzalische und viele andere.

XI

Die Lese-Literatur, dieses große und in der Antike noch unbekannte Vorhaben des modernen Geistes, ist demnach ein Phänomen, das eng an die konkreten weltlichen Schreib- und Lesepraktiken gebunden ist. Seit ihren Anfängen stellt die Literatur ein überaus mächtiges Medium der *Bewusstseins- und Wahrnehmungsbildung* sowie der *Wahrheitsfindung* des europäischen Menschen dar. Unsere Seele und ihre Art, die Welt zu erleben und zu sehen, sind großteils das Produkt der Epen, der Romane, also all der Papiergestalten (einschließlich derjenigen, die wir aus dem antiken Erbe in unsere Werke übernommen haben), die uns erzogen und geformt haben. Und ebenso ist unser konkretes weltliches Wissen das Produkt der ebenfalls *papierenen* Ideen und Begriffe, in denen wir es vorfinden.

XII

Ebenfalls lange Zeit unerkannt blieb eine zweite Nutzungsmöglichkeit des Alphabets: Nämlich die Verwendung der Buchstaben-Folge zur Erstellung von Verzeichnissen. Dieser Aspekt ist keineswegs nebensächlich. Wir unterschätzen seinen Wert heute deshalb, weil er seit fast 800 Jahren selbstverständlich geworden ist und reinen Werkzeugcharakter zu besitzen scheint. In Wirklichkeit aber handelt es sich um eine Funktion, die nicht nur dazu dient, Ordnung zu schaffen, sondern die die strukturelle Ordnung unseres Wissens überhaupt erst *erzeugt* hat. So zum Beispiel eben die Ordnung der Wörterbücher und Enzyklopädien, die zugleich in einem hohen Maß die Ordnung des wissenschaftlichen Denkens ist. Diese Ordnung hat allseits bekannte Auswirkungen gehabt, auch auf technischer und politischer Ebene. Denn sie ist eine maßgebliche Voraussetzung für dasjenige kulturelle Klima geworden, von dem sich der Geist der Französischen Revolution 1789 genährt hat – und damit der Ursprung der europäischen Demokratie und des modernen Nationalstaats.

XIII

Andererseits war es zum Beispiel einem *Spinoza* nur *nach* und *aufgrund* dieser Verschriftlichungs-Revolution (derer sich der Philosoph zu seiner Zeit noch gar nicht voll bewusst war) möglich, an eine „historische" Auslegung der Bibel zu denken. Das war ein Unterfangen, welches sowohl das Judentum wie auch das Christentum entsetzte, da *Spinoza* auf diese Weise die Heilige Schrift „vermenschlichte", und dadurch angeblich auch „entheiligte" und „entweihte". Die Voraussetzung dafür war aber genau dadurch gegeben, dass er sie bereits als „Text" besaß – dass er sie als „Buch" lesen konnte, um darauf aufbauend mit einer „weltlichen Bibelhermeneutik" zu beginnen. Die mittelalterlichen Mönche mit ihren Pergamentrollen und mit ihrer in der Morgen- oder Abenddämmerung gesungenen *lectio sacra* wären dazu nicht in der Lage gewesen, noch hätten sie dafür einen Sinn gehabt. Denn es ging ihnen nicht darum, ein „Buch" (das es nicht gab) zu lesen, sondern um gänzlich andere Verständniszugänge, die mit unserem modernen – und auf das Buch fixierten – Verständnis von „Geschichte" und „Kultur" nur wenig gemeinsam hatten. Man kann diese beiden Welten – der Vortext- und der Textkultur – überhaupt nicht miteinander vergleichen. Denn die Bibel der Mönche und die Bibel *Spinozas sind nicht dasselbe*, und sie stellen auch nicht zwei miteinander vergleichbare Erscheinungsgestalten des lesenden Subjekts dar.

XIV

Es gilt also: Erst als man begonnen hatte, die Seite als „Text" zu gestalten, sie in Kapitel einzuteilen, sie mit Titeln, Fußnoten, Verzeichnissen zu versehen, begann es, Exegeten oder gar „Professoren" zu geben. Schon *Thomas von Aquin* bereitete Vorlesungen vor, da er unter anderem frei über Papier verfügte, ein System für seine Aufzeichnungen entwickelt und „Texte" vor sich hatte, die er „kommentieren" konnte. Genau das ist eine „Vorlesung" – mit allen logischen, ethischen und rationalen Voraussetzungen und Folgen, die sich für die Kultur, das Wissen und die Bildung daraus ergeben. Der Abt dagegen hielt keine „Vorlesung", um seine Mönche zu unterweisen, sondern er las laut und hörbar das vor, was gegeben war. Daher ist es Unsinn, wenn die verschiedenen Geschichten der Philosophie bis heute eine scheinbare Kontinuität zwischen der Vortext- und der Textphase des abendländischen Denkens herstellen wollen, indem sie die Aussagen eines *Anselm* neben diejenigen eines *Ockham*, neben die eines *Descartes* oder *Kant* stellen und ihren Inhalt „objektiv" miteinander zu vergleichen suchen. Hier ist Nicht-Kontinuität, und also bis zu einem hohen Grad auch Nicht-Vergleichbarkeit gegeben.

XV

Und die Moral? Die Ethik? Was genau haben sie mit dem Papier, dem „Text" und den neuen Praktiken zu tun?

Der Hinweis *Illichs* auf die doppelte Bedeutung der „Textgeburt" lässt die moralische Tragweite des Themas subjektiver Praktiken erahnen. Würde man das Beispiel des

Alphabets noch weiter untersuchen, dann könnte man nachweisen, dass die gesamte Entwicklung des abendländischen Geistes auf einer ganz bestimmten subjektiven Praktik des Lesens und Schreibens beruht. Diese unterscheidet unsere Kultur von allen anderen. Die „logische Bedeutung" der „Aussagen" und die Annahme, dass sie in der Wirklichkeit eine „Entsprechung „finden – und genau darauf gründet sich ja die „ontologische" Ausrichtung unseres abendländisch-metaphysischen Wissens, das zugleich die Wurzel der wissenschaftlichen Erkenntnisse und ihrer Aussagemodi ist –, diese ganze Struktur und die dahinterstehende Sichtweise hätte nie entstehen beziehungsweise Sinn machen können, wenn sich nicht zuvor die Praktik des alphabetischen Lesens und Schreibens behauptet hätte, welche unsere Begriffe analysiert, klassifiziert und zu einem *Manufakt*, das heißt: zu einem sichtbaren, in der Hand haltbaren, also objektivierbaren Ganzen fügt. Nur wer mit dieser Praxis vertraut ist, wird überhaupt im denkend-philosophischen Sinne *strictu sensu* danach fragen, was „Tugend" oder „Mut" ist. Denn es handelt sich dabei um geistige Inhalte, die demjenigen, der nur den mündlichen Sprachgebrauch kennt, unbekannt sind, weil sie sich ihm ohne Vermittlung aus der Situation ergeben – weil sie von ihm in ihrem direkten Kontext erlebt werden, weil sie für ihn an Körperbewegungen und an den unmittelbar geführten Dialog gebunden sind. Das Alphabet aber ist, wie wir gesehen haben, das Produkt einer langen Geschichte von distanzierenden und objektivierenden Praktiken, die eine andere Form der Bewusstwerdung impliziert.

Was bedeutet das nun für Gegenwart und Zukunft der Seele – und damit auch von Moral und Ethik?

XVI

Praktiken sind im Abendland im allgemeinen Verfahren und Erscheinungsformen von Tun-Können, von Sagen-Können und von Schreiben-Können. Sie sind aber niemals so allgemein, wie sie im Rahmen der verschiedenen Praxis-Theorien dargestellt werden. Es handelt sich vielmehr um ganz bestimmte, nicht isolierbare oder aus ihren Kontexten heraustrennbare Vorgangsweisen. Es gibt keine „reinen" Praktiken. Jede Praktik ist immer mit vielen anderen verflochten und verwoben. Wenn man so ein Geflecht, zum Beispiel die Praktik der Geometrie, „eindeutig" beschreibend wiedergeben kann, dann beweist das nur, dass dieses Geflecht zum Gegenstand besonderer Aufmerksamkeit einer anderen Praktik geworden ist, die aber ihrerseits wiederum nur einen Teil eines Geflechts vieler Praktiken darstellt. „Die Geometrie" oder „Die Praxis der Geometrie" *als solche* gibt es nicht, und hat es nie gegeben. Es gibt sie nur als Konstrukt oder Objekt anderer, informierender, didaktischer Praktiken – also innerhalb eines komplexen diskursiven Zusammenhangs, der seinerseits ebenfalls nicht ein für allemal definiert werden kann, und zwar weder historisch noch synchron.

Jede Praxis, auch die der Moral und der Ethik des Subjekts, ist also ein Geflecht vieler Praktiken, von denen ein großer Teil aus der Vergangenheit und aus verschiedenen anderen, angrenzenden oder in irgendeiner Weise verbundenen Geflechten von Praktiken stammt. Außerdem bewegt sich jedes reale Geflecht innerhalb einer Perspektive, welche die historisch ererbten Praktiken beständig in einen neuen, aktuellen Sinn-Kontext einordnet. Diese Perspektive ist das jeweils aktuelle Interesse. Dieses bestimmt die konkrete Natur der jeweils aktuellen Praxis – und zwar ungefähr gemäß dem bekannten Motto *Chauncey Wrights*, eines Mitbegründers des *Metaphysical Club* von Cambridge, der den amerikanischen Pragmatismus hervorbrachte: „Es geht stets um die neue Verwendung von alten Funktionen".

Wright wollte auf diese Weise die Evolutionstheorie seines Freundes *Darwin* erklären und sie zugleich gegen ihre Verleumder in Schutz nehmen. Wenn wir, so *Wright*, den Anfang jener Entwicklung suchen, die epochal zur menschlichen Sprache geführt hat, dann dürfen wir uns nicht erwarten, in der Entwicklungsgeschichte der Tiere etwas zu finden, was mit unserer Sprache vergleichbar ist oder mit ihr zu tun hat. Wir werden vielmehr Phänomene finden, die, ohne einen erkennbaren Zusammenhang mit einer möglichen oder künftigen menschlichen Sprache, gänzlich andere Funktionen hatten. Die Veränderung der Lebenskontexte führten dann zu Veränderungen dieser Funktionen, und das wiederum trug zur Entstehung neuer Phänomene bei, die aber dennoch auf ihre Weise an die alten Funktionen gebunden sind. So erlangen beispielsweise völlig unbedeutende Funktionen ab einem bestimmten „Schwellensprung" mit einem Mal große Wichtigkeit – oder umgekehrt. Der veränderte Gebrauch von Funktionen bewirkt Umgestaltungen, und er löst Veränderungen, das heißt neue mögliche Funktionen und Bestimmungen des gesamten Phänomenkomplexes aus, in dem er sich bewegt.

XVII

Ähnlich verhält es sich mit den Praktiken – darunter, für das Abendland und sein Selbstverständnis seit *Platon* entscheidend, eben auch mit den moralischen und ethischen Praktiken. Eine Praxis vereint viele vergangene Praktiken und stellt sich auf einen Standpunkt, der die alten Praktiken funktional einem spezifischen Zweck zuordnet – welcher sie in einen neuen Horizont des Tuns, Sagens, Schreibens rückt. Dabei ist Schreiben im weitesten Sinn zu verstehen. Man betrachte das Orchesterwerk *Haydns*: Wir hören die Ausführung einer seiner Symphonien, und wir konzentrieren uns auf die Haupt-„Zwecke" jener Orchester- und Konzertpraktik, nämlich auf den ästhetischen Genuss, auf die Interpretation und so weiter. Wir denken aber nicht an die technische Entwicklung der Instrumente, die an unzählige handwerkliche Entwicklungen gebunden ist, von denen im Grunde kaum eine mit Musik zu tun hatte. Und wir denken schon gar nicht an die abendländische Geschichte der Papierherstellung. Und doch gäbe es ohne Papier nicht nur keine Partituren, sondern überhaupt keine Kompositionen und keine Komponisten – also nichts von all dem, was unsere moderne europäische Musik mit ihrer „Logik", ihrer formalen „Struktur", ihrer Syntax und ihrer Pragmatik kennzeichnet, einschließlich jener „Orchestersprache", als deren Schöpfer *Haydn* gilt. Hinzuzufügen sind noch die sozialen Praktiken im Umfeld des Konzertes: Ein Symphoniekonzert hat mit einem Tanz der Sioux, einem ebenfalls komplexen und begeisternden Phänomen, praktisch nichts gemeinsam.

XVIII

Mit *Michel Foucault* könnte man zusammenfassend also über die Genese von sprachlichen und kulturellen Mitteilungsformen sagen, dass eine Praktik stets eine zugleich *empirische* und *transzendentale* Erscheinung ist. *Empirisch* deshalb, weil ihre Verflechtung mit anderen Praktiken sie an jeweils ganz bestimmte Arten des Tuns und des Wissens anbindet. An diesen Raum, diese Mikrophone, diese Beleuchtung, diese Partituren, dieses Publikum, diese Musiker, aber auch an bestimmte Interpretations- und Zuhör-Gepflogenheiten, die nach bestimmten Techniken, Traditionen und Kenntnissen ganz bestimmten *Modalitäten* entsprechen, von denen jeder einzelne Aspekt von unzähligen vorausgehenden Praktiken, Gewohnheiten und Wissensbeständen abstammt. Die Verflechtung ist in jedem Fall auf einen ganz bestimmten Zweck ausgerichtet, der die Praktiken hierarchisch und funktional organisiert.

Dieser Zweck stellt die *transzendentale* Dimension der Praxis dar. Er ist Voraussetzung für ihren Sinn. Dieser Sinn aber besteht ausschließlich aus empirischen Elementen, und er ist unaufhörlich der Umformung, der Veränderung seiner Zuordnung und damit auch der Umgestaltung seines Geflechts unterworfen.

Die notwendige Folge davon ist die ständige Umgestaltung seiner Bedeutung. Wenn die Sioux heute ihren Tanz für die Touristen aufführen, dann ist das nicht mehr dasselbe wie zu den Zeiten, als er den vorrangigen Lebensfunktionen eines Indianerstamms diente. Die in einem Aufnahmestudio in einzelne Passagen zerlegte und unter ständigen Wiederholungen gespielte Haydn-Symphonie ist keine Orchesterprobe, aber auch kein Konzert mehr. Der *transzendentale Schnitt* bewirkt also eine neue Verwendung alter Funktionen; und daher ist eine Praxis immer schon ein sich selbst in Bewegung haltendes Geflecht von Praktiken, das sich andauernd verändert, und das ständig dem Einfluss anderer Praktiken und neuer Verwendungskontexte ausgesetzt ist.

XIX

Was sind die Konsequenzen?
Was hier für die Praktiken im allgemeinen umrissen wurde, *gilt auch für die moralische und ethische Praxis.* Und es gilt in eminentem Maß für die moralische und ethische Praxis *im 21. Jahrhundert.* Es sind vor allem *zwei* daraus hervorgehende Konsequenzen, die mir von Wichtigkeit, ja revolutionärer Wirkung zu sein scheinen, wenn man sie mit philosophischem Blick betrachtet.

- Die *erste Konsequenz* für das Moralische und Ethische im 21. Jahrhundert lautet: Es kann keine moralischen oder ethischen „Objekte" *außerhalb* der Praktiken geben.
- Die *zweite Konsequenz* ist, darauf aufbauend, komplementär zur ersten: Es gibt auch keine „Subjekte" *außerhalb* der Praktiken.

Was ist damit gesagt? Und was bedeutet es für das Ethische und Moralische?

XX

Erstens: Unter „Objekt" verstehe ich alles, was in meine Erfahrung fällt, und was auf irgendeine Weise zum „Inhalt" meiner Wissensbestände wird: Nämlich zum Inhalt meiner Fähigkeiten, zu tun, zu sagen, und zu schreiben. „Das Gehirn" etwa ist als „reales Ding an sich", also unabhängig von den Praktiken, mittels derer es als *Objekt* vorhanden ist, ein reines Konstrukt naturalistischer Naivität (so würde es zum Beispiel *Husserl* genannt haben).

Ich vertrete damit nun keine paradoxale idealistische (oder konstruktivistische) These, nach der alle Dinge nur Erzeugnisse unseres Geistes sind. Sondern ich bemerke lediglich, dass es *außerhalb* der über ständige Verflechtungen und funktionale und strukturale Umgestaltungen definierten Praktiken überhaupt kein Objekt gibt, auf das man sinnvoll Bezug nehmen kann. Ich behaupte darüber hinaus, dass es ein Zeichen von vor-philosophischer Einfalt wäre, wenn man glaubte, dass es jenseits der Worte einfache repräsentationale Entsprechungen für sie in Form von „Dingen" gibt. Es gibt meines Erachtens zwar das *Wort* „Gehirn"; aber es gibt nicht einfach ein diesem Wort entsprechendes *Ding* „Gehirn". Dieses angenommene Ding ist nur das Objekt einer Benennungspraktik, also der Sprachpraxis, und zwar stets nur in einer ganz bestimmten Hinsicht und unter dem Aspekt einer ganz spezifischen Verwendung. Die Objekte der Sprachpraktik aber verflechten sich unentwegt mit anderen Praktiken; und genau diese Verflechtung, nicht aber die angenommene Existenz eines „Gehirns an sich", macht es möglich, rund um das Objekt „Gehirn" zu tun, zu sagen, zu schreiben.

Das Objekt „Gehirn" existiert demnach ausschließlich als Ergebnis einer Praktik von (linguistischen) Phantasievorstellungen, die auf die metaphysischen Praktiken unserer Tradition und auf die Blendungen, denen die Metaphysik als Folge des *unbewussten* Gebrauchs der alphabetischen Praxis erlegen ist, zurückzuführen sind. Mit anderen Worten: Die Menschen sind anscheinend schon in ihren Anfängen auf dasjenige Objekt gestoßen, das wir „Gehirn" nennen. Die Anthropologen haben herausgefunden, dass der Frühmensch den Schädel des Gegners zu spalten und sein Gehirn zu essen pflegte, vielleicht zu magischen Zwecken. Was er über dieses „Objekt" dachte, wie er es nannte, wissen wir nicht; in keinem Fall aber handelte es sich um dasselbe Gehirn, das für die hellenistischen Wissenschaftler ein Untersuchungsobjekt war, oder um dasjenige Gehirn, das von der (post)modernen Anatomie und Neurologie erforscht wird.

XXI

Zweitens: Man muss sich, um hier genau zu sein, stets vor Augen halten, dass die Praktiken Ketten bilden. Zwischen ihnen baut sich eine Kontinuität auf, zum Beispiel von den Praktiken der Frühzeit über die hellenistischen bis herauf zu denen der modernen Medizin. Es handelt sich um eine *Kontinuität*, die jeweils *durch Unterschiede bestätigt* wird: Die Unterschiede hinsichtlich der Verflechtungen, der Umstände, der Kontexte, des allgemeinen und besonderen Sinns, dessen, was man tut. Die Sioux, die für die Touristen tanzen, stellen – obwohl sich ihr Leben und Wissen eindeutig von dem ihrer Ahnen unterscheidet (sie leben zum Beispiel inzwischen in Wohnwägen und besitzen Fernsehgeräte) – eine neu angelegte und neu interpretierte Kontinuität zu den Tänzen ihrer Urahnen her. Auch der von der Filmkamera eines Japaners eingefangene Tanz, der später bei der Vorführung vor Freunden in Japan in gänzlich andere Lebens- und Wissenspraktiken eingefügt wird, stellt dennoch einen Pfad der Kontinuität her, über den der Tanz der Sioux in völlig heterogene Lebens- und Sinnkontexte übertragen wird.

Für das, was wir „das Objekt Gehirn" nennen, können wir uns einen analogen Prozess vorstellen: Dieses „Objekt" kommt aus uralten Praktiken, wie den Stammesfehden und dem rituellen Kannibalismus, und befindet sich daher bis heute in unberechenbaren Verflechtungen, durch die es sich stets erneut sprachlich, epistemologisch und psychologisch umgestaltet.

XXII

Drittens: Für den Philosophen, insbesondere für den, der Moral und Ethik für das 21. Jahrhundert andenken will, ist es in diesen komplexen Zusammenhängen unerlässlich, sich von der Einfältigkeit des Gemeinsinns zu lösen. Dieser gaukelt uns bis heute vor, es gäbe die „Dinge" als eine „Wirklichkeit an sich", auf die wir mit der Sprache und mit den wissenschaftlichen Erkenntnismethoden angeblich direkt Bezug nehmen. Dieser pure Aberglaube, der unfähig ist, sich selbst als Produkt von nur einer unter unzähligen sprachlichen Praktiken wahrzunehmen, belagert den gesamten Aufbau der modernen Wissenschaft, deren wunderbare Vorgänge und außergewöhnlichen Praktiken sich deshalb bis heute innerhalb einer Aura des naturalistischen Dogmatismus und des naiven objektivistischen Anspruchs bewegen.

Das eine sind nämlich die tatsächlich ausgeübten Praktiken der modernen Wissenschaft. Das andere aber ist die „wissenschaftliche Mentalität", die sie begleitet, und die bis heute auf einer engstirnig spezialisierenden und banal empiristischen Bildung besteht, die ihrerseits moralische und ethische Folgen zeitigt, welche uns heute in tiefe Ambivalenzen hineinführen. Auf dieser Mentalität beruht ein Weltbild, nämlich das der Gegenwart, das zu den denkbar ärmlichsten, banalsten und irrationalsten der Geschichte gehört.

XXIII

Warum sollten wir daher heute mit Blick auf eine mögliche Verbesserung am besten von einer *Ethik der Praxis* sprechen? Wenn ich vom – sowohl implizit wie explizit – eminent *moralisch-ethischen Wert der Praktiken* ausgehe, dann ziele ich vor allem darauf ab, diesen weit verbreiteten irrationalistischen Dogmatismus zu beheben, von dem die Welt, so wie sie sich die Wissenschaftler in Übereinstimmung mit einem sehr allgemein verstandenen „realistischen" Gemeinsinn vorstellen, immer noch weitgehend gekennzeichnet ist. Der Hinweis auf diesen szientistisch-repräsentationalen Aberglauben und seine Bekämpfung verfolgen nicht nur einen Erkenntniszweck, sondern höhere, also auch moralische, ethische und politische Ziele.

XXIV

Viertens: *All dies gilt nun auch – und entscheidend – für das Subjekt und seine konkreten moralischen Vollzüge.* Unter dem Gesichtspunkt der Praktiken betrachtet, ist die Figur des Subjekts vorwiegend durch die Unterwerfung („Subjektion") unter die Praktiken gekennzeichnet. Als Subjekte unserer Praktiken sind wir in Wirklichkeit diesen Praktiken noch viel früher und noch viel mehr unterworfen („subjiziert"), als wir im allgemeinen annehmen. Wir werden erst innerhalb der Kette von realen Praktiken überhaupt zu Subjekten – und zwar auf eine vergleichsweise festgelegte Art und Weise, in der sie uns involvieren und unsere „Antworten" auf sie modellieren.

Unsere Kinder zum Beispiel gehen zur Schule, und sie lernen dort die Buchstaben des Alphabets nachzuzeichnen: Das Selbstverständlichste und – anscheinend – Unschuldigste auf der Welt. Sie sollen doch keine Analphabeten bleiben müssen! Sind uns aber alle Folgen dieses Tuns bewusst?

Wenn die Kinder einmal in die (post)moderne Praktik des Lesens und des Schreibens eingetreten sind, werden sie dem entsprechenden „logischen" Geist huldigen, der zwar Unzähliges vermag – aber damit zugleich zur Produktion von magischen, alchimistischen, sakralen Ideen und so weiter unfähig wird. Eine ganze Reihe von „Objekten" und Erfahrungen aus anderen Sinnwelten wird für sie unerreichbar und unverständlich. Diese Objekte, Erfahrungen und Praktiken müssen nicht notwendigerweise besser oder schlechter sein als die mit der textuellen Schriftsprache angeeigneten. Der springende Punkt ist vielmehr, dass das Subjekt innerhalb *beider* Varianten eben dem Modus der Praxis unterworfen ist, ohne sich dessen bewusst zu sein.

Wir müssen deshalb diese Lage und das daraus erwachsende Bewusstsein ständig neu in unsere aktualen Bewusstseins-Akte heben, um damit ein rationales und kritisches, das heißt ein mit der „alphabetischen" Menschheit der abendländischen Tradition übereinstimmendes, auf der Höhe der Zeit aufgeklärtes Denken zu gewinnen, das auf die extremen moralischen und ethischen Herausforderungen antworten kann, die die Gegenwart und die nahe Zukunft an es stellen werden.

XXV

Fünftens und letztens: *Die Frage nach den Praktiken stellt aus diesen Gründen selbst eine moralische und ethische Frage dar – vielleicht sogar die entscheidende für die kommenden Jahre.* Diese Frage fordert vom Subjekt, das innerhalb der transformativen Praktiken des Abendlandes geworden ist, den Rand desjenigen zu bewohnen, was es zu dem macht, was es ist – mit seinem ganzen Gepäck von wissenschaftlichen, technologischen, soziologischen und politischen Kenntnissen. *Den Rand zu bewohnen*, indem man die einzelnen Ereignisse der Verflechtung der Praktiken und ihre Folgen für die Objekte unserer Erfahrung genealogisch beobachtet und beschreibt, ist für die Gegenwart und die Zukunft eine Frage essentieller Freiheit. Nicht so sehr der Traum, autonome Subjekte unserer Praktiken zu werden, sondern vielmehr die Einsicht in unsere Unterworfenheit (Sub-jektivität), die es schon vor jeder genealogischen Überlegung gegeben hat: Darin besteht der Rahmen für eine zeitgemäße, tatsächliche (moralische) Befreiung. Und zwar insofern, als es sich um eine kontingente und relative Befreiung handelt, die immer wieder vorzunehmen war, immer wieder vorzunehmen ist und unablässig von neuem vorzunehmen sein wird.

XXVI

Und der moralisch-ethische Sinn all dessen, was ich hiermit skizziert habe?

Er könnte im neu, weil nun vollgültig erworbenen Bewusstsein bestehen, dass auch die „Theorie", also das, was anerkanntermaßen das ausgeprägteste Merkmal Europas, seiner Bevölkerung und seiner Kultur darstellt, ihrerseits lediglich eine Praktik ist: Eine bestimmte Art des Wissens um das Tun, um das Sagen und um das Schreiben – und eine bestimmte Art des Wissens, von ihnen Gebrauch zu machen. Die Theorie ist dann kein Ort einer „objektiven" Betrachtung mehr, sondern geht in die Sphäre der im erweiterten Sinn „moralischen" Praxis des Subjekts über. Auch die Theorie ist dann eine „Praxis", nämlich eine Art, zu interpretieren, ein Erbe anzutreten und es weiterzugeben. Das künftig erst noch vollgültig zu entwickelnde Verständnis von Theorie als theoretische Praxis und als *Ethik des Textes* oder als *Moral der Schriftlichkeit* – da sich ja jede Theorie von Wert hauptsächlich in Schriften äußert und ihre Dauer auf diese stützt, wie zum Beispiel die moderne Wissenschaftstheorie, die der alphabetischen Rationalität und Operabilität die mathematische hinzufügt – ist eine für Europa angemessene Form der moralischen Selbstreflexion im 21. Jahrhundert. Sie ist ein Mittel gegen Dogmatismus und gegen die an einen Wahrheitswillen gebundene Form von Gewalt, die schon *Nietzsche* als Willen zur Macht bezeichnete.

XXVII

Die Ethik der Praktiken ist so das gegenwärtig jüngste und brauchbarste moralische Konzept der Philosophie. Denn sie bringt, explizit und implizit, den Mut zur Analyse der eigenen konstituierenden Grenzen sowie der daraus entstandenen geschichtlichen Folgen auf. Im Grunde ist erst dieser selbstkritische und auf das Selbstverständnis von Bewusstsein mittels Textualität und Sprache ausgerichtete Entwurf dasjenige moralische Element, das unsere wissenschaftliche, sprachfixierte und rationale europäische Kultur in den Rang eines möglichen Bewusstseins-Modells für die Globalisierung erheben kann. Denn die *Ethik der Praktiken* ist ein Modell, das auf globaler Ebene eben genau *nicht* eine verflachende Gleichmachung der existenten Praktiken des Lebens und der Kulturen mit dem Ziel einer unkontrollierten „Okzidentalisierung" vorsieht (die bedauerlicherweise vor allem auf wirtschaftlicher Ebene schon eingesetzt hat). Sondern sie will im Gegenteil die Möglichkeit eines gemeinsamen genealogischen Bodens aufzeigen, der die Begegnung und den Austausch zwischen Kulturen und Lebensformen auf unserem Planeten unterstützt und anregt.

XXVIII

Wovon müssen wir also sprechen, wenn wir von Moral und Ethik für das 21. Jahrhundert reden wollen?

Wir müssen von einer *grundlegend neuen Wahrheitserfahrung des Subjekts* sprechen. Diese präsentiert sich in Wirklichkeit stets – und ab nun in nicht mehr rückgängig zu machender Weise – als eine „Ethik des Übergangs". Es handelt sich um die Einsicht, dass sich Wahrheit *erstens* immer in Übergängen zwischen Praktiken, und *zweitens* immer in mit ihrer Praxis konformen Subjekten zeigt.

Damit tut sich eine neue moralische Dimension auf. Denn das Subjekt, dem diese Realität bewusst wird, wird dann insofern zum „moralischen" Subjekt, als es bewusst nicht mehr auf *seine* Erfahrung von Wahrheit verzichtet, sie nicht verleugnet, „relativiert" oder „abschwächt". Denn es erkennt, dass Wahrheit nur als Verkörperung in einer ganz individuellen, ganz bestimmten, ganz jeweiligen Praktik stattfindet und lebt, aber kein von diesem Subjekt-„Ereignis" verschiedenes „Ding" ist. Das Subjekt erkennt, dass Wahrheit in seinen eigenen (im weitesten Sinn sprachlichen) Akten und Ereignissen besteht, nicht aber als imaginäre metaphysische „Realität".

In dieser Erkenntnis besteht moralische und ethische Emanzipation. Zugleich wird dieses „neue moralische Subjekt" damit unabdingbar ein Subjekt sein müssen, das nicht abgöttisch an seiner eigenen, nur scheinbar mit sich identischen Wahrheitsgestalt hängt, sondern den Übergang zulässt – hin zum Betreten immer neuer Schwellen, mit nie dagewesenen Verflechtungen von Praktiken, mit weiteren Erfahrungen von Wahrheit und mit anderen Subjekten. Denn auch diese anderen Subjekte sind Gestalten der Wahrheit – und zwar nun nicht mehr in einem *statischen*, sondern in einem *lebendig-partizipatorischen* Sinn. Sie sind Gestalten der Wahrheit, die sich, wie der Text und das Subjekt selbst, ständig im ereignishaften Übergang zu möglichen gemeinsamen Schicksalen befinden.

Postmoderner Nihilismus und post-postmoderne Moral
Was wäre eine Ethik der Rettung für die Gegenwart?

Aldo Masullo

I

Es gibt überhaupt keine moralischen Phänomene, sondern lediglich eine moralische Deutung von Phänomenen. So sagt uns *Nietzsche*. Er bezieht sich dabei auf ein übergeordnetes, mittlerweile weithin anerkanntes Prinzip postmodernen Denkens:

> „Gegen den Positivismus, der vor den Fakten Halt macht und behauptet: ‚Es gibt nur Tatsachen', würde ich sagen: Nein, es gibt nicht einmal Tatsachen, sondern nur Interpretationen. Wir können kein Faktum ‚an sich' feststellen. Vielleicht ist es Unsinn, so etwas zu wollen... Es sind unsere Bedürfnisse, welche die Welt interpretieren; unsere Impulse mit ihrem Für und Wider. Jeder Impuls verkörpert eine Art Herrschsucht, jeder Impuls hat seine eigene Sicht, die er allen anderen als Norm aufdrängen möchte."[1]

Wenn man diese Warnung *Nietzsches* ernst nimmt, zumindest als Hypothese, die nur ein Minimum an metaphysischen Kompromissen erfordert, dann stellt sich die Frage, *wo dann noch für das 21. Jahrhundert Moral und Ethik zu finden sind.* Nietzsche fordert uns, wie seit den 1980er Jahren die Postmoderne, zu kritischer Einsicht in die begrenzten Möglichkeiten unserer Erfahrung auf. Er verlangt von uns eine rationale *Interpretation auch jener Primär-Interpretation*, welche jedem Phänomen, mit dem sie sich befasst, unmittelbar *moralische Qualität zuweist.*

Was bedeutet diese Forderung für eine zeitgemäße Moral, die wir in Voraussicht auf die kommenden Entwicklungen mehr denn je – und vielleicht mehr als alles andere – benötigen? Was bedeutet es für eine *Ethik der Rettung* für die Gegenwart?

---

1 Nietzsche, Werke, herausgegeben von K. Schlechta [1969], München 1972, III, 903 (Aphor. 431). In der Folge gebe ich, wenn es sich um die *Posthumen Fragmente* der 1880er Jahre handelt, die Nummer des Aphorismus in Klammern an, nach dem Verzeichnis der Ausgabe *Der Wille zur Macht* von O. Weiß, „Großoktav-Ausgabe", Leipzig 1911.

Was bedeutet es überhaupt für ein Denken, das sich im 21. Jahrhundert als rettend erweisen könnte?

II

Zur Beantwortung dieser Fragen gilt es zunächst, das Wesen der *Primär-Interpretation* und die Bedeutung der in ihr stattfindenden *moralischen Qualifizierung* zu klären. Es geht dabei um das Problem der *Form* des Moralischen und seiner *hermeneutischen Funktion* für das neuzeitliche Erkennen. Dieses Problem wird im folgenden seinerseits zum Thema einer hermeneutischen Bemühung – und so zu einem meta-hermeneutischen Anliegen. Worin besteht das Wesen der Primär-Interpretation, die die Grundlage für unsere gewöhnlichen, *unmittelbaren* moralischen Regungen darstellt?

III

Das Phänomen als Gegenstand unserer Wahrnehmung ist zunächst im Prinzip weder in seiner Eigenschaft noch auf Grund irgendeiner Qualität, die ihm vom Interpretationsvorgang zugewiesen wird, moralisch. Es ist weder nach einem *naturalistischen* noch nach einem *idealistischen*, sondern nach einem *subjektiven* Kriterium des Interpretierenden moralisch. Das Subjekt interpretiert das Phänomen und teilt ihm dadurch seine moralische Wirklichkeitsform zu.

Für den unbefangenen Beobachter zeigt das solcherart moralische Phänomen nicht ein mittels eines *objektiv* genormten Vorgangs messbares Verhalten. Sondern eines, welches das Subjekt immer schon bereits an seinen eigenen Horizont von inneren Normen und Wertmaßstäben angepasst hat. Ein moralisches Phänomen *primär* wahrzunehmen, bedeutet eine praktische Handlung des Subjekts, die stets als Antwort auf den Appell eines „Guten" zu qualifizieren ist. Woher kommt dieser Appell?

IV

Das „Gute" ist für das Subjekt transzendent hinsichtlich seiner praktischen Wirklichkeit. Es ist ein „wirkliches" Gutes; und es trägt dazu bei, den Horizont der Selbstentwürfe des Subjekts, und damit auch sein praktisches Verhalten, den Menschen und den kulturell gewachsenen Einrichtungen gegenüber sowohl zu legitimieren wie zu definieren.

Das Phänomen wird vom Handelnden im Rahmen der Primär-Interpretation als moralisch interpretiert, wenn es eine spezifische innere Erfahrung beinhaltet, mittels derer die transzendente Struktur des Gewissens: die „innere Bewusstheit" das Wahrnehmen in Willen umwandelt.

V

Die Erfahrung des Gewissens besteht in einem als frei beziehungsweise mit einem Gefühl der Macht, zugleich aber auch als Bewegung zur Wahrheit erlebten Willens-Bewusstsein. *Es ist ein Wille, niemanden, auch nicht sich selbst, zu täuschen.* Und dieser Impuls des Gewissens tritt gerade immer dann auf, wenn Leben ein Gespinst von Schein, Irrtum, Trug, Scheinheiligkeit, Verblendung und Selbstverblendung zu sein scheint.

VI

Zugleich müssen wir einsehen, dass die tieferen Gründe des moralischen Willensaktes meist nicht einfach mit denjenigen Werten übereinstimmen, derer sich das Subjekt bei seinen moralischen Entscheidungen *bewusst* ist. Dennoch wird die moralische Entscheidung vom Subjekt als frei und wahr erlebt, und zwar in Übereinstimmung mit dem Appell des „Guten", das in seinem Empfinden stets über die schiere Tatsächlichkeit hinausgeht – nämlich als *Macht zur Freiheit.*

VII

Davon ausgehend, dass die Form des Moralischen primär in einem direkten, vor-reflexiven Willens-Denken und einem dazugehörigen Verhalten besteht, das nicht nur als Gefühl der Ermächtigung, sondern *zugleich* auch als „Willen zur Wahrheit" erscheint, gewinnt die These von *Johan Goudsblom* an Bedeutung, wonach der subjektive „Wahrheitsimperativ" ein „kulturelles Element" der entwickelten, zweiten Moderne ist:

„Zuerst die Wahrheit, dann das Leben: Das ist die Essenz des (subjektiven) Wahrheitsimperativs. Keine Handlung kann gerechtfertigt werden, wenn sie nicht mit der

Wahrheit übereinstimmt; und wenn es nicht möglich ist, die Wahrheit zu erkennen, dann ist es unmöglich, auch nur irgendeine Handlung zu rechtfertigen."[2]

VIII

Hier wird – und das ist für die Gegenwart und ihre Perspektiven außerordentlich bedeutend – normalerweise fast unbemerkt ein *nihilistischer Zirkel* erkennbar. Worin besteht er?

Wenn die Wahrheit für das postmoderne Subjekt mittels der Primär-Interpretation vorrangig eine *Praktik des Willens* ist, dann ist sie *per definitionem* keine *Wahrheit* im reflexiven, philosophischen oder wissenschaftlichen Sinn. Das bedeutet: Wenn Wahrheit im Bereich des primären Vollzugs des Moralischen auf einer Art Willens-Interpretation beruht – könnte sich dann nicht die Wahrheit des Wollens selbst ebenfalls nur als Interpretation herausstellen? Und wenn ja: Als eine Interpretation von wem?

IX

Gehen wir, wie eingangs *Nietzsche*, davon aus, dass die *Form* des Moralischen kein „An-Sich" ist, sondern in erster Linie ein subjektiver Interpretationsmodus. Sie ist streng genommen weder in essentialistischer noch in transzendentaler noch in empirischer Hinsicht „natürlich". Sie ist vielmehr bis zu einem hohen Grad ein kulturelles Element, denn sie existiert nur „für uns" und die von uns angeeigneten kulturellen Interpretationsmuster. Letztlich sind in dieser Perspektive sowohl Natur, Leben wie auch die Inhalte des Denkens Interpretationen, Sinnzuweisungen. Sie sind Werte, die als den Dingen innewohnend erlebt werden, in Wirklichkeit aber ohne das Subjekt nicht sein können.

Wenn dem so ist, dann wäre jede primäre moralische Interpretation eines Phänomens auf der Ebene des Gewissens – oder Willens-Denkens – letztlich nur eine Interpretation. Und das Bewusstwerden dieser Interpretation als Willensimpuls wäre nur die Interpretation einer Interpretation – also die als wahr gewollte, aber letztlich dennoch auf keinem anderen Fundament als der äußeren Kultur stehende Bewertung des eigenen, wertenden inneren Lebens des Subjekts, das weit kollektivere Wurzeln zeigt, als diesem Subjekt bewusst ist.

---

2   J. Goudsblom, *Nichilismo e cultura*, Bologna 1982, S. 273.

X

Freilich: Wenn auf diese Weise moralische Wahrheit nur der Imperativ des subjektiven und kollektiven Willens, also letztlich des Lebens selbst sein sollte, dann wäre die „gewollte" Wahrheit nur die Wahrheit eines kulturellen *Wertes*. Die als moralisch erfahrene Wahrheit des Subjekts wäre dann nicht die Wahrheit der Dinge selbst, sondern vielmehr die „Wahrheit" seines eigenen *Sinns* für das Lebende.

Würde das so sein, und würde das postmoderne Subjekt dies bemerken, dann würde sich um es plötzlich ein nihilistischer Bewusstseins-Zirkel legen, der sich, je genauer es diese Relation durchschauen würde, immer enger um es legen müsste. Denn wenn die Wahrheit in der Selbsterkenntnis des Subjekts nur eine Praktik des Willens, das heißt eine Interpretation ist, dann ist sie in letzter Instanz keine Wahrheit im eigentlichen, allgemein gebräuchlichen Sinn. Das, was man für Wahrheit hält, würde zum Trug. Dann wäre auch kein *Verrat an der Wahrheit* mehr möglich, da das Spiel der „Interpretationen von Interpretationen" für das Bewusstsein des Subjekts unweigerlich zu einer sich immer weiter in sich selber spiegelnden Endlosspirale würde, in der kein letzter oder gar absoluter Bezugspunkt mehr festlegbar wäre.

XI

Der „Wille zur Wahrheit", den, auf diesen Überlegungen aufbauend, der postmoderne Nihilismus ins Spiel bringt, meint demnach nicht „Wahrheit" in ihrer allgemein gebräuchlichen Bedeutung. Er meint auch nicht Wahrheit im wissenschaftlichen Sinn als formale Beziehung, das heißt als Funktion der Übereinstimmung von Urteilen in Aussageform mit den semantischen und syntaktischen Regeln eines vereinbarten Codes. Wahrheit wird für den zeitgenössischen Nihilismus eher zur „Korrektheit" oder „Gangbarkeit" in der Übereinstimmung bestimmter *Zeichen* mit bestimmten *Bedeutungen* (Dingen oder Operationen) im Rahmen eines bestimmten logisch-linguistischen Verfahrens.

Für den postmodernen Nihilismus bedeutet solcherart der „Wille zur Wahrheit" nichts weiter als die Forderung nach notwendigen Maßen für die relativen *Sinnvielheiten* des Lebens – nach funktionalen oder gangbaren Interpretationen der moralischen Primär-Interpretationen sowie der stets widersprüchlichen Dialektiken konkreter Praktiken.

XII

Wenn „Wahrheit" für den postmodernen Nihilismus demnach nichts anderes als eine Funktion innerhalb des Zusammenspiels von Notwendigkeiten in einem willkürlich gewählten, kontingenten logischen (das heißt sprachlich konstituierten) System ist, dann ist jedes *unmittelbare Willens-Denken des Moralischen* eine Illusion. Das Subjekt kann aus dieser Sicht nicht anders, als „Wahrheit" zu wollen, die eine absolute Qualität darstellen soll, und die zugleich die grundsätzliche Kontingenz eines jeden Lebensaktes, also auch die stets interpretative Erkenntnis-Praxis des Subjekts selbst in universale Notwendigkeit umzuwandeln im Stande sein soll. Dieser „Wille zur Wahrheit" des Subjekts ist allerdings aus der Sicht des postmodernen Nihilismus von vornherein stets zum Scheitern verurteilt. Denn die Wahrheit des Willens ist für diesen Nihilismus ein Widerspruch in sich.

Colli und Montinari, die Herausgeber der kritischen Ausgabe von Nietzsches Schriften, schreiben in diesem Sinn:

> „Das (moralische) Urteilen selbst ist nur (ein) Wille zur Macht... (Es will) das Sein bewerten; aber das Bewerten selbst ist wiederum nur Sein... Am Ende stehen wir vor einem mystischen Willen, bei dem die mystische Substanz, das ‚Sein', zugleich Urteil und Wille ist, sich also als rational und irrational zugleich erweist... Dem Werden den Stempel des Seins *aufdrücken* – das ist *höchster Wille zur Macht. Eine doppelte Falsifizierung* von Seiten der Sinne und von Seiten des Geistes, um eine Welt des Seienden, des Dauernden, des Gleichwertigen zu erhalten."[3]

XIII

Was bedeutet das?

Es bedeutet nicht nur, dass es für den postmodernen Nihilismus *keine Interpretation gibt, die nicht nur eine andere Interpretation interpretieren wollte*. Sondern es bedeutet auch, dass es keinen Wert gibt, der als Sinn oder als Interpretation „Wahrheit" (im herkömmlichen Sinn) aufwiese, also *wahrhaftig* ein Wert wäre. Der Wert ist für den postmodernen Nihilismus schlicht die „schlechte" Unmittelbarkeit des Sinns und der Interpretation. Und jede kritische Reflexion über diese Unmittelbarkeit ist selbst wiederum nur eine Interpretation; aber sie *hat* keinen Wert strictu sensu *in sich*. In diesem so eng gewordenen postmodernen Zirkel der Interpretationen bleibt nicht nur für diesen oder jenen Wert oder für diese oder jene *Form* des Wertes, *sondern für den Wert an sich kein Raum mehr.*

---

3   Colli und Montinari, in: Nietzsche, *Opere*, VIII, II, S. 425.

XIV

Der Nihilismus ist in dieser Hinsicht nicht einfach die Erkenntnis, dass man mit dem eigenen Werden stets auf das *Nichts* hinzielt, dass Gott tot ist oder dass die Welt an sich keinen Wert hat. Sondern er ist die Einsicht, dass die Existenz, so wie sie ist, ohne Sinn und Zweck ist, vielmehr – eben darin und als solche – eine unendlich wiederkehrende ist, und damit nicht einmal im Nichts ein Ende findet, sondern auf ewig das Nichts ist.

XV

Dieser Nihilismus kann nur dann authentisch sein, wenn er in seinem Grundsatz radikal und damit in seinem Ausgang absolut ist. Er ist nur dann ernsthaft, wenn er sich, sobald klar ist, dass das Ganze ohne Wert ist, nicht mit dem Relativieren der einzelnen Werte des Lebens begnügt. Er kann sich auch nicht einfach damit zufrieden geben, mit kritischem Selbstverständnis bestimmte Werte, die hier und jetzt für das Leben *schädlich* sind, durch andere, die hier und jetzt *nützlich* erscheinen, ersetzen zu wollen. *Der radikale postmoderne Nihilismus weiß mittels seiner Besinnung auf den interpretativen Charakter von Welt und Wirklichkeit um die Inexistenz der Figur des Wertes an sich.* Er weiß um die Inkonsistenz der Werte, die Pseudo-Begrifflichkeit der interpretativen Idee von Wert selbst, da für ihn die Werte nichts anderes sind als *Interpretationen ohne Wahrheit*. Unmöglich ist für ihn nicht nur jede absolute „Wahrheit" des Wertes, sondern letztlich sogar jede *relative*. Warum?

XVI

Wenn ich sage, dass etwas hier und jetzt einen Wert hat, weil es für mein Leben nützlich ist, dann stellt ein so beschaffener Wert lediglich eine für *mein* Leben funktionelle Interpretation dar. Und das beweist nur, dass es letztlich keine Wahrheit gibt. Die Relativität von Wert bedeutet, dass seine Gültigkeit an eine bestimmte Situation gebunden ist. Der rigorose Relativist *Frédéric Rauh* präzisiert Wahrheit in diesem Sinn als dasjenige, „was jeder vernünftige Mensch unter bestimmten Erfahrungsbedingungen wenn nicht für jeden, so doch für den, der unter solchen Bedingungen lebt, als erstrebenswert betrachten würde."[4]

---

4 F. Rauh, *L'esperienza morale*, Napoli 1977, S. 105.

So aber erweist sich nach und nach der Begriff des Wertes selbst als undenkbar, und seine Idee gerät zu einer leeren Hülse ohne Bedeutung. Denn die Absolutheit des Nihilismus als einzig mögliches Ergebnis seiner Radikalität besteht darin, dass es nicht nur nichts gibt, was *von allen* unter bestimmten Bedingungen erstrebenswert wäre, sondern dass es nichts gibt, was würdig wäre, *hier* und *jetzt* von mir angestrebt zu werden. Das „Würdig-Sein" von etwas Anstrebenswerten hat keine Bedeutung mehr. Der für die moralische Primär-Interpretation positive oder negative Wert reduziert sich auf das bloße Ereignis, anstrebenswert oder nicht anstrebenswert zu sein. *Und so wird die Interpretation zum einzigen Faktum in der Welt – zu einem Faktum allerdings, das selbst auf unsicheren, wenn nicht gar nicht-existenten Beinen steht.*

XVII

Der postmoderne Nihilismus findet, dass ein Phänomen vom Subjekt nur dann als moralisch wahrgenommen werden kann, wenn es als Stimulus für ein Gefühl der Macht, für Freiheit und für einen Willen zur Wahrheit erlebt wird. Diese intrikate – und für unsere Zeit in der Tat charakteristische – Verbindung von Macht, Freiheit und Wahrheit bringt ihrerseits neben der Konstitution des postmodernen Subjekts auch die *Verabsolutierung des Feindes* hervor. Eben diese Verabsolutierung kennzeichnet heute auf der Ebene der kollektiven Beziehungen den *Übergang vom modernen Krieg als Fortsetzung der Politik zur postmodernen Politik als Fortsetzung des Krieges*. Was meine ich damit?

Im Atomzeitalter lauert die größte Gefahr nicht im Vorhandensein von Massenvernichtungswaffen oder in der sogenannten „natürlichen Bosheit des Menschen". Die eigentliche Gefahr geht vielmehr von der angeblich „natürlichen", angeblich „zwingenden" Notwendigkeit „moralischer Pflicht" aus. Sie geht in Wirklichkeit aus von dem, was wir die „kulturelle Form des Moralischen" nennen – und was nicht nur aus dieser oder jener Kultur, sondern aus der kulturellen Seinsart des Menschen im allgemeinen wohl niemals wird ausgemerzt werden können. Jene Menschen, die Massenvernichtungsmittel gegen andere Menschen einsetzen, sehen sich dazu gezwungen, diese anderen Menschen, ihre Opfer also, *moralisch* zu vernichten. Sie setzen die Massenvernichtungswaffen gegen sie ein, weil sie sich *moralisch* dazu gezwungen sehen. Und sie müssen daher ihre Gegner *moralisch* zu Kriminellen und Unmenschen stempeln, sie *moralisch* zum Unwert erklären; denn andernfalls wären sie, eben weil ja sie es sind, die die Massenvernichtungswaffen einsetzen, selbst Kriminelle und Monster.

XVIII

Solche *Verabsolutierungen von Feindschaft* säumen natürlich nicht erst seit der Postmoderne den Weg der Menschheit. Aber sie nehmen bedauerlicher Weise in unserem Zeitalter explosionsartig zu. Das Attribut „postmodern" ist auch aus diesem wenig rühmlichen Grund für unsere Zeit angemessen – und zwar nicht nur bezogen auf einen drohenden Atomkrieg, sondern auch in den zahllosen örtlichen Konflikten, welche die nukleare Katastrophenvision als kleineres Übel bevorzugt. Für die postmoderne „Verabsolutierung des Feindes" gibt es nicht aufhörende Beispiele: Etwa den Vietnamkrieg, in dem, wie ein Soldat nach einem Massaker erklärte, viele junge Menschen der Meinung waren, dass die Vietnamesen keine vollwertigen „Menschen" seien, und sie deshalb wie Tiere behandelten. Ebenso ist in diesem 21. Jahrhundert Amerika für den islamischen Fundamentalismus der „große Satan" – und umgekehrt sind für Amerika gewisse andere Staaten das „Reich des Bösen". Die Untrennbarkeit der Form des Moralischen von der kulturellen Seinsart, die strukturell unlösbare Verbindung zwischen dem Willens-Handeln und der Struktur des Gewissens birgt einen ganzen Komplex höchst problematischer Zusammenhänge in sich.

XIX

Tatsache ist, dass unter postmodernen Moral-Bedingungen nichts, was wirklich ist – und der Mensch in seiner Natürlichkeit gehört dazu – *inoffensiv* ist. Es gibt kein zeitlich-räumlich Seiendes, dessen Existenz isolierbar wäre, ohne einen Austausch von Energie mit anderem Seienden, ohne einen Verbrauch von Eigen-Energien und ohne ein Wiederauffüllen dieser auf Kosten anderer. Es gibt postmodern offenbar kein Subjekt, das ohne einen *Verbrauch der anderen* und einen *Verbrauch des Anderen* auskäme. Postmoderne *Identität* ist nichts anderes als eine *Grenze* zwischen mir und dem anderen. Existieren heißt postmodern *schaden*, heißt also anderen Existenzen gegenüber schuldig werden. Schon im 6. Jahrhundert vor Christus fasste *Anaximander von Milet* diesen Sachverhalt dramatisch in Worte: „Die Dinge enden notwendiger Weise dort, wo sie ihren Ursprung genommen haben. *Ein jedes zahlt zu seiner Zeit seinen* Preis für Ungerechtigkeit."[5] *Mors tua, vita mea!* Bereits *Hegel*

---

5   Simpl, Phys., 24, 13.

vermerkte: „Unschuldig ist nur das Untätig-Sein, nicht wie das Sein eines Kindes, sondern das eines Steins."[6]

XX

Der jüdisch-christliche Mythos vom Garten Eden, in dem der Mensch weilte, bevor ihn die Sünde aus der glückseligen Unsterblichkeit in den furchtbaren Schmerz der Sterblichkeit stürzen ließ, verkörpert diesen Charakter der Unschuld. Die „Theorie", das philosophische Wissen *als Willens-Kontemplation* wäre tatsächlich grundsätzlich unschuldig: Es erfordert auf den ersten Blick keinerlei reflexive Wertung, keinen „Willen nach Wahrheit". Denn es empfindet sich als reine Spiegelung, und – *ut in speculo* – in ihm fände sich, ohne die Mühen und die Gefahren der Vermittlung, also das Bild der Dinge wieder.

Der mythische Sturz aus dem Garten Eden in das irdische Dasein, in die „Erkenntnis von Gut und Böse", hat bei näherer Betrachtung weniger mit dem Wechsel vom Nicht-Wissen zum Wissen zu tun, sondern ist vielmehr eine Metapher für den Übergang vom kontemplativen Willens-Wissen zum aktiven, reflexiven Umgang mit dem Möglichen. Es ist der Übergang aus der Ruhe in die Bewegung, aus der Ewigkeit in die Zeit, aus dem Zauber der Identität in die Ernüchterung des Denkens in Differenzen, aus der Theorie in die Praxis, aus dem Frieden des Absoluten in den Kampf der Relationen. *Aristoteles* bezeichnete das als *Ekstatikon*; und damit ist auch der Seinszustand der Postmoderne sehr genau gekennzeichnet.

XXI

Die traumatische Wahrnehmung des postmodernen Menschen, sein Ur-Erlebtes, ist, genau in diesem Sinn, die *Zeit*. Die Zeit trägt für ihn den Charakter einer der *praktisch fühlenden Existenz* zugehörigen Struktur. Weder die absolut gute noch die absolut schlechte Tat sind in dieser traumatischen Zeit noch vorstellbar. Zur intrinsischen Schädlichkeit *jeder* Handlung gibt es nur die Alternative der zwar unschädlichen, aber auch untätigen Kontemplation. Deshalb kann die zeitgenössische Ideologiekritik folgern, dass jede „Moral" unter postmodernen Bedingun-

---

6   Hegel, *Fenomenologia dello spirito*, Firenze 1960, II, S. 27. Auch Nietzsche schreibt: „Es ist (offenbar) nicht möglich, einen Schritt vorwärts zu tun, ohne auf irgendeine Weise das Interesse anderer zu verletzen". In: *Frammenti postumi, Autunno 1880*, 10, Milano 1971, S. 397.

gen nur mehr ein Rationalisierungssystem der unvermeidlichen wechselseitigen Schädigungen ist – und dass die Ziele dieser Rationalisierung das Ergebnis von Auseinandersetzungen zwischen Interessen sind, nach denen die Siegerpartei ihr Einzelinteresse als universalen moralischen Grundsatz darstellt.

XXII

Der dem Katholizismus verpflichtete Denker *Italo Mancini* vermerkt zu alledem zu Recht:

„Eine Utopie ist heute immer ein Perfektionismus der Vernunft im Hinblick auf eine angeblich über den Zwang der Geschichte hinaus wiederherstellbare Unschuld... Wenn der Mensch unschuldig wäre, die Natur heil, und wenn die Geschichte abgelegt werden könnte, dann wäre die auf den *Eros* gegründete Idee der Moral keine Utopie, sondern sie wäre Ethik im eigentlichen Sinn. Dennoch: *Nondum considerasti quanti ponderis sit peccatum* – so der heilige Anselmus."[7]

Hier taucht, gleichsam unvermittelt, aber doch am rechten Platz, ein wichtiger Aspekt auf, den heute immer noch viele – zu viele – im Nachdenken über Moral und Ethik vernachlässigen. Eros ist in der abendländischen Logik der Geschichte nicht so sehr eine *ethische*, als vielmehr eine *epistemische* Metapher einer einseitig männlichen Optik, für die der grundlegende Unterschied zwischen „dem Mann" als Subjekt und Besitzer und „der Frau" als Objekt und Besitz von Anfang an „natürlich" vorgegeben scheint.

XXIII

Tatsächlich gründet die abendländische *Epistemologie* von Anfang an auf einem strukturalen Unterschied zwischen zwei Teilen, nämlich auf der Beziehung zwischen Subjekt und Objekt. Diese Beziehung, die die *Beziehung einer Spaltung* und einer Differenz ist, gibt der abendländischen Epistemologie die Struktur vor. *Ethik* hingegen fußt ihrem Begriff nach auf dem Prinzip der Gleichheit, auf der *Beziehung Subjekt–Subjekt*. Über den Weg der metaphorischen Macht der erotischen Erfahrung soll bewiesen werden, dass das ethische Ideal in intersubjektiver Kontinuität besteht. Doch die *Ethik als reine Erotik* ist nicht möglich, da ja im erotischen Gedankenentwurf das liebende Subjekt das Anders-Sein des geliebten Wesens durch

---

7   I. Mancini, *Il pensiero negativo e la nuova destra*, Milano 1983, S. 22.

die Einverleibung vernichtet und dadurch auch die Beziehung aufhört. Dieser Weg würde wohl einer männlichen Optik und damit der epistemologischen Struktur der Ungleichheit, nicht der ethischen Struktur der Gleichheit entsprechen. Es gibt jedoch in der erotischen Philosophie Glanzlichter, welche – jenseits der einseitig männlichen Optik – mittels der erotischen Erfahrung nicht die epistemologische, sondern die ursprünglich intersubjektive Kommunikativität versinnbildlichen, die letztlich sowohl für die Epistemologie als auch für die Ethik grundlegend ist.

XXIV

So besingt *Lukrez* mit ungeheurer Bilderkraft die körperlichen Subjekte, die Körper der Liebenden, die unaufhörlich danach streben, voneinander Besitz zu ergreifen, aber „nequiquam quoniam nil inde abradere possunt nec penetrare et abire in corpus corpore toto"[8] (sie können sich gegenseitig nicht wirklich durchdringen). *Giordano Bruno* besteht ebenfalls auf der Unmöglichkeit einer „Verschmelzung" – und darauf, dass der Kommunikation über den „Körperkontakt" niemals mehr als lediglich eine Teilwirkung beschieden sein kann.[9] *Sartre* sieht in der erotischen Erfahrung nicht so sehr die Zwischenkörperlichkeit, sondern die Wechselwirkung eines Bewusstseins mit einem anderen – den Grenzfall intersubjektiver Kommunikativität. Wenn Bewusstsein und Bewusstsein einander gegenüberstehen, bleiben es zwei, und jedes bleibt einsam; und selbst wenn ein jedes sich dem anderen in der Liebe völlig, bis zur völligen Vereinigung mitteilen könnte, dann wären sie schließlich nur ein einziges – und also wiederum einsam. Der an das geliebte Wesen gerichtete Schrei des liebenden Subjekts wird zum Widerspruch: „Ich verstehe nicht, warum wir zwei sind, und warum ich in dir sein – und doch zugleich in mir bleiben möchte. Du bist ich. Und doch sind wir auch miteinander einsam."[10] Ist das nicht die Grundsituation jeder postmodernen Ethik?

XXV

Moral ist in Wahrheit die traumatische Feierlichkeit der Transgression – der Augenblick, in dem der Mensch, sich mit kühnem Frevel gegen das Göttliche auflehnend, dieses erfahren hat, ihm so nahe war wie nie zu vor, ihm ins Antlitz geschaut hat.

---

8   Lukrez, *De rerum natura*, IV, 1110-1.
9   G. Bruno, *De Immenso*, VI, 5.
10 J. P. Sartre, *Teatro*, Milano 1962, S. 474 und 510.

Den Tod Gottes verkünden bedeutet, so betrachtet, aus der Sicht des postmodernen Nihilismus, die nächste Nähe Gottes betreten zu haben. *Der Tod Gottes ist dergestalt nichts anderes als die paradoxale Wiedergeburt des Heiligen in der Postmoderne.* Denn die Verquickung von Göttlichem und Dämonischem ist postmodern das Heilige, das sich, bezogen auf das, was es bewahrt, als Zusammenspiel zwischen dem manifestiert, was es erhöht, und dem, was es zerstört. Tatsächlich

> „ist das Profane die Welt des Bequemen und der Sicherheit. Zwei Abgründe begrenzen sie. Ein zweifacher Taumel fasziniert den Menschen, wenn ihn Annehmlichkeit und Sicherheit nicht mehr zufrieden stellen, wenn ihm die kluge und Sicherheit verheißende Unterwerfung unter die Regel beschwerlich wird. Dann wird ihm bewusst, dass die Regel nicht eine Barriere ist, dass nicht sie das Heilige ist – sondern dass nur derjenige, der sie brechen wird, an das gelangen kann, was sie als Lebendiges ausschließt und unerreichbar macht."[11]

Zeichnet sich hier ein Abgrund – oder eine Perspektive der Rettung ab?

XXVI

Beides. Die zur Wiedergutmachung der „ursprünglichen Transgression" des Subjekts gegen Gott oder den Sinn eingesetzte Norm versucht, deren Schrecken aufzuheben. Sie verdeckt und verbirgt diesen Schrecken, der mit dem Übertritt ins Andere des Nichts verbunden ist – und mit ihm den lebendigen Akt von Moral. Die radikale Übertretung der Norm aber, die grundsätzliche Verweigerung von Regeln, die nihilistische Bewusstwerdung, dass Gott tot ist – *sie* ist es, die der Erfahrung des Göttlichen wieder den Weg öffnet.

XXVII

Und das heutige Sein? In der alles durchdringenden ökonomischen Ideologie der Gegenwart erscheint Transgression in der Tat wie ein befreiender Einbruch der von einer zwar blasphemen, aber immerhin negativ lebendigen Beziehung zu Gott authentifizierten Existenz. Der Gott der Theologen dagegen wird vom postmodernen Subjekt in der Regel negiert. „Wer von Gott spricht, hat ihn nicht gesehen", protestierte, für das Empfinden der Gegenwart symptomatisch, bereits *Georges Bataille*.

---

11 H. Bergson, *Oeuvres*, Paris 1959, S. 1336.

Zugleich liebt man heute mit einer Liebe, die größer nicht sein könnte, jenes *Nicht-Intelligible*, das ich, gerade ich, von Angesicht zu Angesicht geschaut habe – in *realer* Einsamkeit. Für den Menschen, der sich heute einsam und wund vor das Universum stellt, und dieses als ein Ganzes sieht, ist Gott „die Gesamtheit all dessen, was eintreten *könnte*."[12] Aber vor dem ideologischen Horizont einer ökonomiezentrierten Ontologie kann der Seinsaspekt der Existenz nicht anders erscheinen denn als Krise jeder „natürlichen" kulturellen Seinsweise: Als Verlust der Unschuld mit dem daraus folgenden Bedürfnis, die verheerenden Wirkungen dieses Verlusts mit Hilfe von immer neuen arbiträren Normen einzugrenzen. *Die Norm wird zu einem negativen Symptom des Moralischen.*

XXVIII

Aber es ist noch schwieriger. Das Ur-Trauma der postmodernen Kultur hängt, trotz alledem, nicht mit der Transgression jeder Kultur und Norm oder mit dem unerträglichen Gefühl des ontologischen Absturzes zusammen. Das postmoderne Trauma besteht im Gegenteil in der schwärenden Erfahrung eines unlösbaren Konflikts zwischen der Form des Moralischen – der angeblichen „Unausweichlichkeit der moralischen Verpflichtung" – einerseits und der ebenso unausweichlichen Schädlichkeit der eigenen wie auch jeder anderen Natur andererseits.

Inwiefern?

XIX

Wenn das postmoderne Subjekt das Grundempfinden hat, dass es nur dann nicht schadet, wenn es *nicht handelt*, dann entspricht das der Feststellung des *Sophokles*, der in seiner *Antigone* den Menschen als τo δεινoτατoν, „das schrecklichste Wesen", bezeichnet.[13] Der Mensch – und der postmoderne Mensch zumal – ist in der Tat für die ihn umgebenden Wesen das am furchtbarsten schädliche; aber er ist auch dasjenige Wesen, das selbst vor dem Anderen am furchtbarsten erschrickt.

Die Norm eilt in dieser Lage zu Hilfe. Sie bietet Sicherheit und verscheucht die Ängste. Wenn wir schon nicht harmlos sein können, da jedes Handeln ein Schaden ist, dann soll unser Schaden wenigstens im Rahmen des Gesetzlichen bleiben – so das postmoderne Empfinden.

---

12 G. Bataille, *Le coupable*, Paris 1964, S. 12, 36.
13 Zitiert nach M. Heidegger, *Introduzione alla metafisica* [1935], Milano 1972, S. 157.

Die Unmöglichkeit, unschuldig zu sein, wird psychologisch dadurch erträglich, dass man die Unerträglichkeit des Schadens, des schlechten Gewissens und der Schuldgefühle auf diejenigen Situationen eingrenzt, in denen die Schädlichkeit eben eine von der Norm erlaubte ist. Die Norm entsteht also eher, um zu rechtfertigen, als um zu verhindern. Sie erleichtert das Gewissen, indem sie die Gewissenhaftigkeit des postmodernen Subjekts beruhigt. Diese Beruhigungsfunktion der Norm ist im Bedürfnis der kulturellen Seinsart der Postmoderne dermaßen tief verwurzelt, *dass sich der heutige Mensch lieber schuldig fühlt, weil er eine bestimmte Norm verletzt hat, als ohne jede Gebundenheit an Normen zu handeln.*

Das erkannte, wiederum in unsere Zeit vorausahnend, bereits der junge *Georg Lukàcs*:

„Der Mensch weiß um sein Schicksal, und dieses Wissen nennt er Schuld. Da er das, was ihm zustoßen *musste*, als *eigene* Handlung empfindet, schneidet er sich all das, was sich im fließenden Bereich seiner Existenzumgebung zufällig zugetragen hat, mit ausgeprägten Konturen zurecht – und macht es zu etwas Notwendigem. Damit zieht er Grenzen um sich; und er erschafft diese für sich ganz allein."[14]

XXX

Das bedeutet: *In die Zufälligkeit einer schädlichen, aber schuldlosen Natur versetzt, fühlt der postmoderne Mensch, sich seiner selbst bewusst als aktives Subjekt, die Idee des eigenen Willens als Ursache für das Leid wie eine Grenze, bei deren willentlicher Überschreitung die schmerzlichen Erfahrungen kein Zufall mehr, sondern vom subjektiven Willen verursacht sind.*

Der postmoderne Mensch erklärt sich daher mitunter selbst dann für schuldig, wenn er es *nicht* ist. Denn nur dadurch kann er sich auch im Leiden als aktiv erleben: In der Erfahrung der *Gewissenhaftigkeit* erlebt er seinen Willen mit einem „Gefühl der Macht", das heißt als aktiv, also bis zu einem gewissen Grad *frei*. Er kann sich dadurch als Subjekt identifizieren – und sich ein Bewusstsein seiner selbst rückerstatten.

XXXI

In den ersten Jahrzehnten des 20. Jahrhunderts war der folgende irritierende Mechanismus eines der Hauptanliegen von *Max Weber*:

---

14 G. Lukàcs, *L'anima e le forme*, Milano, 1963, S. 330-331.

„Bereits John Stuart Mill hat mit der ihm eigenen Gedankenschärfe festgestellt, dass man auf dem Boden der reinen Erfahrung nicht zu einem Gott gelangt; mir scheint, am allerwenigsten zu einem Gott der Güte, sondern zum Polytheismus. Wer wirklich ‚in dieser Welt lebt', der kann in sich nichts anderes erfahren als den Kampf zwischen einer Vielfalt von Wertehierarchien, von denen jede einzelne, für sich betrachtet, verbindlich erscheint. Er muss nun selbst entscheiden, welchem Gott er dienen will, wann diesem und wann jenem, und so wird er sich unweigerlich im Konflikt mit diesem oder jenem Gott der Welt befinden; vor allem aber wird er immer vom Gott des Christentums entfernt bleiben."[15]

Die Folge ist nicht zuletzt – so etwa *Francesco Alberoni* – eine fundamentale, für die Gegenwart grundlegende *Spaltung zwischen Rollenvorschrift und Ethik*.

„Wir (Postmoderne) verfügen über die Erfahrung einer Gesamtheit von äußerst verbindlichen Pflichten, die aber keinen ethischen Rang aufweisen. Und so tun wir, obwohl wir unsere Pflicht tun, unserem Empfinden nach nicht das, was 'gerecht' wäre. Wir haben die Empfindung, im beruflichen oder familiären Bereich mit großem Engagement richtig und für uns selbst auch befriedigend zu handeln, aber dennoch nicht das zu tun, was letztlich von Bedeutung ist."[16]

XXXII

Hier öffnet sich die unvermeidliche, manchmal dramatische Kluft der Gegenwart zwischen der normativen Ebene für den postmodernen Menschen *als Menschen* (dort verkörpert die Norm lediglich die ideale Anspannung, um sich zu gewissen Zeiten in Fragmenten gelebter Menschlichkeit auf die Suche nach der unendlichen Differenziertheit und zugleich nach der allgemeinen Universalität des Menschlichen zu machen) – und der normativen Ebene für den postmodernen Menschen *als Bürger eines bestimmten Staates*: Als Angehörigem des Bürgertums oder des Proletariates, als Führungskraft oder als Arbeiter, als Soldat oder als Bürokrat (wo die Einhaltung der Norm zur kleinlichen Buchstabentreue wird). Aus solchen *Situationen zwischen Menschlichkeit und Bürgerschaft* ergeben sich dann häufig *Pflichtkollisionen*: Kollisionen von Imperativen, fatale Zerreißproben für das – immer noch – gewissenhafte Bewusstsein des postmodernen Subjekts.

---

15 M. Weber, *Scritti politici*, Catania 1970, S. 124.
16 F. Alberoni, *Le ragioni del bene e del male*, Milano 1981, S. 181.

XXXIII

Der „Polytheismus", den *Weber* meint, ist nichts anderes als die scheinbar unendliche Vervielfältigung der Verhaltenskodizes und der entsprechenden „Wertetafeln" innerhalb des Kulturbereichs einer Gruppe oder eines Einzelnen unter postmodernen Bedingungen. Daraus folgen unvermeidlich erbitterte Konflikte zwischen gleichzeitig präsenten Regelsystemen, die alle „positiv", das heißt in der historisch-empirischen Effektivität subjektiver Präsenz verankert sind. Doch anstatt dem Subjekt Sicherheit zu bieten, wie es einer normativen Funktion eigentlich zukäme, *verunsichert* der postmoderne Polytheismus der Normen und Werte das Subjekt. Er stürzt es, zumindest auf dem Grund seiner Selbst- und Weltempfindung, in – meist uneingestandene – Ratlosigkeit und Angst.

Das Subjekt setzt sich daher zur Wehr, indem es sich für *einen* Werte-Kodex entscheidet – meistens auf der niedrigsten Ebene der Positivität, also auf der Ebene der unmittelbarsten Effektivität. Es wählt den Kodex seines Berufes, der Institution, der Konkurrenz, der Hierarchie, der Karriere oder des „Pöstchengeistes". Man verschafft sich Sicherheit, indem man zu einem Menschen wird,

> „welcher der Ordnung dient und nichts anderem als der Ordnung; und man wird unruhig und kleinmütig, sobald diese Ordnung auch nur für einen Augenblick wankt – wird hilflos, sobald sich die Umarmung durch diese Ordnung löst."[17]

Gerade jene Sicherheit, die das Subjekt in der „polytheistischen" Werte-Situation der Postmoderne mittels der „niedrigsten" Wahl anstrebt, ist aber in Wirklichkeit paradoxerweise die am wenigsten sichere. Die antike Kultur findet für diesen Umstand einen poetischen Ausdruck in *Sophokles' Antigone*, wo Ismene spricht:

> „Ich verachte die göttlichen Gesetze nicht; aber ich kann nichts gegen die der Bürgerschaft tun... Ich werde die unterirdischen Schatten dafür um Vergebung bitten, dass ich dazu gezwungen bin, mich der Macht der Lebenden zu unterwerfen. Aus unseren Grenzen auszubrechen: Das wäre Wahnsinn."

XXXIV

In diesen gerade für die Gegenwart so symptomatischen Worten wird uns schmerzlich bewusst, wie sehr uns säkulare Rollenvorschriften einengen. Sie engen uns letztlich weit mehr ein als die „göttlichen Gesetze", die doch auch zu den Gegebenheiten

---

17 Weber, *Scritti politici*, a. a. O., S. 115.

der soziokulturellen Ordnung gehören, aber von den Regeln der postmodernen politischen Gesellschaft in den Hintergrund verdrängt wurden. Daraus entsteht, wie bei *Sophokles*, die unvermeidliche Kluft zwischen jedem positiven Gesetzes-Kodex der Gegenwart einerseits, und jener zugleich für uns in allem stets mitschwingenden Erfahrung *unzureichender Universalität*: Der *Nicht-Wahrheit* eines jeden Gesetzes.

XXXV

Wenn nun aber, wie wir gesehen haben, die Form des Moralischen – und folglich die Ethik – als wesentliches Grundmuster der kulturellen Seinsform von der subjektiven Erfahrung des „Willens zur Wahrheit" abhängig ist, diese Erfahrung aber in der Postmoderne aufgrund ihrer unendlichen Interpretationsspiegel unweigerlich enttäuscht wird, dann ist es nicht weit bis zur Situation, wo ein neuer „Monotheismus" der Wert-Normen dem „Nihilismus" die Hand reicht.

Denn der „Monotheismus" ist, wenngleich dies oft verdrängt wird, die grundlegende Erfahrung unseres primordialen Bedürfnisses nicht nach *diesem* oder *jenem* Subjekt, sondern *nach der Andersheit eines jeden möglichen Subjekts schlechthin*. Umgekehrt ist der Monotheismus der Wert-Norm auch die Erfahrung der Autodestruktivität des Schadens, den wir anderen Subjekten zufügen – und zugleich der potentiellen Autodestruktivität des rational-aufklärerischen Impulses, der uns dazu auffordert, unser Bewusstsein von uns selbst beständig zu erweitern, um immer neue und andere Unterschiede des Menschlichen zu begreifen, um so jedes Mal die Grenzen der Gewissenhaftigkeit des Selbst zu überschreiten.

XXXVI

Nietzsche, von dem wir ausgegangen sind, hat uns Postmodernen gezeigt, dass unsere Form des Moralischen nicht nur von der Erfahrung des „Willens zur Wahrheit", sondern auch vom „Gefühl der Macht" (einschließlich der Selbstermächtigung) beziehungsweise vom Empfinden der „Freiheit" abhängt. Wenn nun aber jeder subjektive „Wille zur Macht" unter den beschriebenen äußeren und inneren Spaltungen sein Ziel unweigerlich verfehlen muss, wenn er also zu keiner „Wahrheit" weder *des* Wertes noch *des* Gesetzes gelangen kann – dann hört er dennoch nicht auf, Wille zu sein, sich in seinem Wollen zu erleben, sich als Wille und mithin als Freiheit zu manifestieren. Doch Freiheit ist nicht Wille zum rechtmäßigen Wert, zur festgesetzten Norm, zur bestimmten Idee, sondern *Wille zum Ideal*, also ihrem Wesen nach stets eine experimentelle. Ideal: das ist der offene schöpferische Raum, in dem sich die subjektive Existenz unaufhörlich gegen unsere sinnlose Selbstzerstörung auf Kultur hin ent-wirft, gegen dieses unser Leben, das naturgemäß den anderen schadet.

XXXVII

In der „polytheistischen" Situation der Werte- und Normenpluralität der Postmoderne wird diese „monotheistische" Erfahrung zwar meist erstickt; und der schöpferische Raum des *Ideals* wird aus Angst vor seiner Offenheit und Bewegtheit meist schnell verschlossen. Die – scheinbar absichernden und stabilisierenden -Rollenvorschriften besetzen den Ort der *lebendigen Gewissenhaftigkeit*: das Ideal. Sie besetzen die Angelpunkte des Subjekts, und sie bestimmen die Inhalte seiner Verbindlichkeit. Wenn im postmodernen Subjekt solcherart die Erfahrung von Freiheit in die Latenz abgleitet, dann

> „werden die Sitten zu Prinzipien. All das, was sozial organisiert ist, bekommt den Charakter einer Pflicht. Jeder Beruf hat seinen Kodex. Es gibt keine Sehnsucht und kein Gefühl, das sich nicht in Pflicht wandeln könnte, wenn diese einmal im Bewusstsein dominiert. Für einen Snob ist der tägliche Spaziergang eine Pflicht... Er spricht über solche mondänen Verpflichtungen mit dem Ernst eines Ministers. Was die Menschen so verschieden macht, ist nicht irgendein moralischer Mangelzustand, sondern vielmehr die örtliche Gebundenheit ihrer Moral – und die Tatsache, dass sie diese übernommen haben, ohne sie vorher zu prüfen."[18]

XXXVIII

Die solcherart erfolgende konformistische Reduktion des moralischen Phänomens, das heißt der erlebten Erfahrung des „Gefühls der Macht" oder des „Willens zur Wahrheit", verkörpert sich als soziale Veräußerung des postmodernen Subjekts, und zwar im Tausch gegen seine Anerkennung als Träger eines *Status*, womit seine scheinbare Absicherung verbunden ist. *Richard Sennet* weist zu Recht darauf hin, dass unter heutigen Bedingungen

> „die sogenannte *Identität* einen Schnittpunkt darstellt zwischen dem, was die Person sein will, und dem, was die Welt ihr zu sein erlaubt. Die äußeren Umstände oder die inneren Wünsche reichen nicht aus: Identität ist nun nichts Absolutes mehr,

---

18 F. Rauh, a.a.O., S. 46.

sondern der Platz, den ein Individuum in einer Landschaft einnimmt, die aus der
Überschneidung von Umständen und Wünschen entsteht."[19]

Ähnlich hatte bereits *Nietzsche* festgestellt:

„Wenn ein Mensch seine Sitten gefestigt hat, mit denen er seine Umgebung erträgt
– und seine Umgebung ihn, dann ist das *Moral*. Solange sie aber schwankt und sich
niemand darauf verlassen kann, ist sie es noch nicht. Der moralische Mensch wird
berechenbar, zum Beispiel als Parteigänger: Daher ist der unmoralische Mensch so
sehr verhasst."[20]

XXXIX

Die Verbindung zwischen Normativität und Identität ist die Anpassungsleistung
des postmodernen Subjekts an die Erfordernisse seiner sozialen Rolle – das wird
hier mit aller Schärfe klar. Die Absicherung des Individuums erfolgt über eine
Stabilität, die nur durch eine Vereinfachung und Verarmung seines persönlichen
Potentials erreicht werden kann. Sie erfolgt mittels einer Berechenbarkeit, die der
Macht der Gesellschaft die Manipulation des Subjekts ermöglicht, indem sie es mit
Hilfe enger und berechenbarer Regeln beruhigt.

Die prinzipielle und unaufhebbare *Unberechenbarkeit des Moralischen* dagegen
hat nichts mit jener Unberechenbarkeit zu tun, die das Privileg des Verrückten ist.
Sie ist stattdessen eine Art freie Selbst-Überprüfung des Subjekts: *Ein Positives, das
sich von der Prüfung des Negativen befreit*. Das moralische Phänomen ist eine Praxis
nicht nur eines Willen zum Gewollten, sondern auch – wegen der fundamentalen
Transzendenz-Struktur des Gewissens – ein Willen zur eigenen Legitimation.

In unserer postmodernen Epoche sucht man eine solche Legitimation entweder
in der Anlehnung an die Sitte, nun meist Rollenvorschrift genannt, welche die
Sittlichkeit auf Hingabe an den Zweck reduziert; oder in einem emphatischen
Atheismus, der alle Grenzen sprengt, und mit dem gar mancher Nihilist lediglich
seine glühende, negative Verehrung für das Heilige kaschiert.

---

19 R. Sennett, *Il tramonto dell'uomo pubblico*, Milano 1982, S. 74.
20 Nietzsche, *Frammenti postumi*, Sommer 1880, 4 [102], Milano 1971, S. 317.

XL

Das legitimationsbedürftige Subjekt konstituiert sich dergestalt „gesittet", „dem Zweck ergeben" und „berechenbar" zur ethischen Person. Seine moralische Identität reduziert sich auf den Punkt, an dem das, was eine Person will, und das, was die Welt ihr zu sein erlaubt, zusammentreffen: An der unsicheren und fluiden *Grenze* zwischen zwei *Ökosystemen*, von denen das eine dem anderen einverleibt ist; auf einer Projektions-Fläche zwischen beiden; auf dem Gebiet eines transaktiven Gleichgewichts zwischen den Kräften der Systeme „Mensch" und „historisches Umfeld".

Der Antagonismus zwischen diesen beiden Feldern aber ereignet sich dann letztlich in der konkreten Humanität jedes postmodernen Menschen. Genau daher ist unter postmodernen Bedingungen mehr denn je der Mensch von allen Wesen das *„schrecklichste"*: In ihm entladen sich die Spannungen nicht nur von physischen, sondern auch von kulturellen Kräften, von intersubjektiven Interpretationen, die sich zu komplexen symbolischen Kodizes wandeln und durch diese ständig wieder umgedeutet werden. Was soll da noch Moral oder Ethik heißen?

XLI

Der in der Postmoderne *nicht* konformistische moralische *Mensch* aber muss Freiheit als Experiment einer nicht gesellschaftlich festgesetzten, sondern inneren idealen Norm erleben, die sich, nun ganz auf sich selbst gestellt, nur über atheistisch-sakrale Transgression – und mittels der Faszination an der schrecklichen *Sinn-Leere* als negativem *Sinn* des Lebens authentifizieren kann.

In der nihilistischen „Heiligung" des Atheismus als äusserster Transgression lebt in Wahrheit aber letztlich nur die Ideologie der Hoheitsgewalt in negativer Form fort. Denn sonst ließe sich nicht erklären, warum Hoheit *jeder Art* aus Sicht des Nihilismus so erbittert angefochten werden müsste. Bereits *Bataille* schreibt:

> „Der Mensch ist sein eigenes Gesetz, er steht nun nackt vor sich selbst. Der Mystiker stand vor Gott als ein *Subjekt*. Wer das Sein aber vor *sich selbst* stellt, der gebärdet sich vielleicht noch nicht wie Gott, aber bereits wie ein *Herrscher*."[21]

Das heißt: Die postmoderne negative Mystik der Autonomie ist in Wahrheit nur die Hoheit des Mystikers ohne Gott. Sie ist die Hoheit dessen, der nun völlig allein der völligen *Sinn-Leere* gegenübersteht. Der postmoderne Seins-Mystiker kennt

---

21 G. Bataille, *Le coupable*, a. a. O., S. 51.

die Ekstase, das *außerhalb Stehen* gegenüber der bloß von der eigenen Interpretation erfundenen und vom trügerischen Sinn der eigenen Praxis durchwobenen Welt. Und er erfährt, mit Sicherheit mehr als alle seine Vorfahren, das *Heilige der nackten Existenz.*

XLII

Im Gegensatz dazu entspricht der „Polytheismus" der Werte und Moralitäten heute im Innern des postmodernen Subjekts dem nahen Ende *jeder* Ideologie der Hoheit, *aller* axiologisch-normativen Verbindlichkeiten, aller *Pflichten* als Entsprechung von *Werten.* Die Krise des vertikal und „organisch" angelegten Machtmodells löst das Subjekt immer mehr aus seiner moralischen Gebundenheit an *jedwede* herrschende Hoheit, an *jede* Autorität *super partes.* Sie unterstellt es stattdessen immer mehr den Verpflichtungen vertraglicher Übereinkünfte *inter partes* – aber auch den Konventionen. In der heutigen Welt tritt dabei ein Prinzip zutage, das bereits von *Michel Foucault* thematisiert wurde: Die Bedingung für die Möglichkeit von Macht darf nicht mehr in der ursprünglichen Existenz eines zentralen Punktes, in einem Zentrum der Hoheit gesucht werden, sondern zunehmend in örtlichen und instabilen Situationen und Verhältnissen.

XLIII

Parallel dazu befindet sich auch das Modell des *individuellen* Subjekts in einer Krise. Die „Hoheit" seines vereinigenden theoretischen Wissens weicht einer Vielzahl von konkreten Willens-Praktiken, die auf irgendeine Weise übereinkommen. Dabei stellt sich heraus, dass das, was das Subjekt möglich macht, im Grunde nur eine Summe von allgemeinen Strukturen ist, von denen eben genau *nicht* das Subjekt das souveräne Bewusstsein ist.

XLIV

Selbst die *Idee des Staates* entblößt sich nun jeder „organischen" Konnotation. Sie wird zur laizistischen Ausprägung eines erhabenen „Geheimnisses", zur politischen Form des sozialen Gebildes. Sie wird zum Körper, der den Wert jener „Ethik" innehat, die noch übrig ist. Der Staat wird, auch wenn wir es kaum merken und vielleicht auch nicht zugeben würden, latent immer mehr zu einer Machtstruktur, die, versehen mit einer zweifelhaften Legitimierung und der paradoxalen Aura des Heiligen, als letzte Instanz „reine Hoheit" verkörpern könnte. Zugleich sind wir postmoderne Zeitgenossen aber immer mehr geneigt, zu empfinden, dass konkrete Regierung *nicht* auf Hoheit gründet. Vielmehr sind effiziente Lenkung und effektive Machtausübung umso praktikabler, je mehr sie ausgewogen auf die vielfältigen, historisch realen Bedürfnisse reagieren und damit Hoheit ständig neu herstellen – in der nun einzig zulässigen Dimension einer *technischen*, nicht mehr sakralen Rolle.

XLV

Ein Beispiel?

Man denke daran, wie heute die *Ehe*, sowohl was ihre Führung als auch was ihre Auflösung betrifft, immer weniger dem Zwang der Staatsgesetze oder der moralischen Kirchenkodizes unterworfen ist. Wie sie immer mehr der dialektischen Auseinandersetzung der Ehepartner selbst anheim gestellt wird. „Der zeitlich begrenzte Vertrag tritt im beruflichen, affektiven, sexuellen, kulturellen, familiären Bereich ebenso wie auf dem Gebiet der politischen Angelegenheiten an die Stelle der unbegrenzt gültigen Institution."[22]

Das Individuum, der Hoheit nicht mehr inkommensurabel unterworfen, sondern im Spiel seiner offenen Beziehungen zu anderen Individuen und zu den vielfältigen Zentren sozialer Macht mehr oder weniger schwach, aber niemals ihnen einfach nur überlassen, da keines von ihnen ein wirkliches Charisma besitzt, fühlt sich auch keinem übergeordneten Schicksal mehr ausgesetzt. Deshalb hört es heute auch allmählich damit auf, sich – wie es noch bis vor kurzem tat – als *schuldig* zu bekennen. Es hört ferner allmählich auch damit auf, um der eigenen Freiheit willen die Unausweichlichkeit des Schicksals als notwendige Folge eigener Transgression anzunehmen.

XLVI

Die „Sünde" ist in dieser sozialen, kulturellen und geistigen Lage nur mehr imaginäre Transgression, die nur im Angesicht eines Herrschers – Gott, König, Staats-Kirche oder Kirchen-Staat – vom Subjekt als Schuld empfunden werden kann. Sie ist für das Empfinden in Wahrheit weniger „Sünde" als „Frevel". Der Untergang der Ideologie

---

22 J.-F. Lyotard, *La condizione post-moderna*, Milano 1983, S. 120.

der „Hoheit" ist das postmoderne Ende der Erfahrung von Sünde. Was bleibt, ist die Erfahrung von Frevel als Nichterfüllung eines Vertrags, als Verletzung eines Rechts-Pakts, den man freiwillig mit anderen Subjekten eingegangen ist.

XLVII

Und die Ethik? Wo höre ich die Philister, die hier noch nach ihr rufen?

Das in der gegenwärtigen Kultur dominierende Bewusstsein von der Auflösung der Identität und von der zeitlichen Diskontinuität des Subjekts, seiner Aufsplitterung in tausend Gesichter, die nur mit Mühe hinter der Maske der sozialen Praxis verborgen werden können, stellt sich der Möglichkeit des Empfindens von Schuld in den Weg. Im Bewusstsein des Transgressors meldet sich der Hinweis, dass er, während er seine Schuld betrachtet, ein anderer ist – und damit nicht mehr derjenige, der den Pakt eingegangen ist.

Nietzsche bemerkt:

> „Der Körper, das Ding, das ‚Ganze', das vom Auge konstruiert ist, verursacht eine Unterscheidung zwischen Handeln und Handelndem; der Handelnde, die immer raffinierter verstandene Ursache des Handelns, hat schließlich das ‚Subjekt' fallen lassen, da es überflüssig geworden ist... Das ‚Subjekt' ist in keinem Fall etwas Gegebenes, sondern viel mehr etwas Hinzu-Erdichtetes, Dahinter-Gestecktes. Ist es notwendig, auch noch einen Interpreten hinter die Interpretation zu stellen?"[23]

XLVIII

Was bedeutet das?

Dies: *In der Postmoderne verbindet gerade der durchdringende Schmerz des Frevels das Subjekt unauflöslich mit einer „Identität".* Man könnte sogar sagen, es ist der moralische (und ethische) Frevel, der es durch die Verinnerlichung der Maske überhaupt erst konstituiert. *Sobald aber der Frevel verschwunden ist, kann das „moralische" Subjekt der Postmoderne nicht mehr aufgebaut werden.* Und damit verliert auch die Erfahrung der Schuld ihre Voraussetzung.

---

23 Nietzsche, *Werke, III*, 485 (Aphor. 547) und 903 (Aphor. 431).

XLIX

Der postmoderne Nihilismus lähmt insgesamt also die moralische Erfahrung und nimmt ihr durch seine Zwiespältigkeit den Atem. Das fasst *Alberto Caracciolo* mit seiner Aussage zusammen:

> „Unsere postmoderne Epoche steht in neuer Weise unter dem *Zeichen des Religiösen*, nicht unter dem Zeichen des *Glaubens*. Wenn Heidegger mit seiner Mahnung, dass sich das Nichts immer in das Sein verkehrt, Recht hat, dann hat heute nicht der Moment des Seins, sondern jener des Nichts die Überhand: der Moment jeder Glaubenskrise und jeder ethischen Krise; der Moment der ‚Zerstörung' jeder Tradition. Aber unter dem Zeichen des religiösen Nichts zu stehen bedeutet zugleich, den Imperativ des Ewigen als Aporie wahrzunehmen… Denn was ist die Utopie einer Revolution im Sinn der Erlösung, wenn nicht der Traum, *innerhalb der Geschichte* in absolutem Maß und auf absolute Weise ein Absolutes zu verwirklichen?"[24]

L

Andererseits scheint die Konstituierung der postmodernen Subjekt-Identität mittels der Erfahrung des Frevels den spannungsgeladenen Gegensatz zwischen Existenz und Möglichkeit, Notwendigkeit und Freiheit dahingehend aufzuheben, dass lediglich eine ideale Universalität und ein reiner Pflichtappell bestehen bleibt. Auf diese Weise siedelt sich das Moralische postmodern mehr denn je im Bereich der sprachlich vermittelten kulturellen Sitte an, deren Normen sich – außerhalb jeder wirklichen Rationalität – auf instrumentale „Ritualisierungen" von systemerhaltenden Automatismen reduziert. *Carlo Viano* bemerkt dazu treffend, dass „sich die (post-)modern entwickelte Gesellschaft wieder dem Tierreich nähert, da ihre Herrschaftsmechanismen immer mehr wie Ritualisierungen funktionieren."[25]

An diesem Punkt schwindet in der Tat die Diskrepanz zwischen Tier-Ethologie und Soziologie. Die Zuständigkeit des Moralischen scheint in der Postmoderne in den Bereich einer allgemeinen sozio-biologischen Wissenschaft abzugleiten, die jeden Pessimismus hinsichtlich der Unabhängigkeit möglicher Verwirklichungen des Ethischen berechtigt.

---

24 A. Caracciolo, *Nichilismo e cultura*, Genova 1983, S. 29.
25 C. A. Viano, *Etica*, Milano 1975, S. 162.

LI

Was folgt daraus? Ist demnach alles verloren, was je an Moral und Ethik geknüpft – und an Hoffnungen in diese Begriffe hineingewoben war?
Nein. *Trotz allem, was ich beschrieben habe, trägt der postmoderne Nihilismus Bedingungen in sich, unter denen die moralische Erfahrung sowohl dem Abgrund der atheistischen Mystik als auch der Wüste naturalistischer Eindimensionalität entrissen werden kann.* Die alles entscheidende Frage lautet: Wie?

Wenn, wie angeklungen ist, das Phänomen des menschlichen Tuns an sich „moralisch" ist, da Handeln sich selbst stets als „Willen zur Wahrheit" und als „Freiheit" versteht, dann kommt durch diese Selbst-Interpretation neben allen Aporien in der Tat auch eine ursprünglich-primordiale Macht des Subjekts zum Ausdruck, die sich weder der mystischen Einheit einverleiben, noch zu einfachem Geschehen verflachen lässt. Die subjektive Fähigkeit zu solcher Selbst-Interpretation spaltet die atheistische Mystik in den Pluralismus der Vernunft auf; und sie lässt die Flachheit des Geschehens zum porösen Gebilde von realen Transzendenzen auflaufen. Das, was *Nietzsche* die „moralische Primär-Interpretation des Phänomens" nennt, ist in letzter Instanz nichts anderes als das Phänomen als unmittelbares Erlebnis – als *subjektiv erlebter Sinn*. Und genau in diesem subjektiv erlebten Sinn liegt, heute und künftig, auch *die aktive Hervorbringung* von Sinn.

LII

Freilich: Solange wir „Wahrheit" bloß mit dem Anspruch auf sichere Legitimation der Vorherrschaft unserer Lebens-Interpretationen, unserer Lebens-Interessen über die Lebens-Interpretationen und den Lebens-Sinn anderer Menschen oder über eine andere Zeit stellen, ist und bleibt die Interpretation unseres Handelns als „Willen zur Wahrheit" eine gefährliche Krankheit, ein „Herrschaftswahn". Und je mehr *dieser* Wahn heute nach und nach seine Destabilisierung erfährt, desto mehr mündet er in ein Delirium von Krieg und Zerstörung.

LIII

An dieser Stelle sollten wir abschließend, weil es für die Perspektive des 21. Jahrhunderts entscheidend sein wird, etwas hervorheben, was eine methodologische Grundvoraussetzung für das Verständnis aktueller und künftiger Subjektivität darstellt. Es handelt sich um die Notwendigkeit, die zwei Begriffe *Bedeutung* und

Sinn genau zu differenzieren und getrennt einzusetzen, während sie gemeinhin meist als Synonyme gelten. Es ist für die Skizzierung der Zukunft von Moral und Ethik sinnvoll, den ursprünglichen, konstitutiven Unterschied zwischen ihnen zu erfassen und zu nutzen. Worin besteht er?

Die ethische *Bedeutung* ist der repräsentationale Inhalt, der sich über seinen Platz in einem kodifizierten System von Beziehungen definiert. Er gehört dem Bereich des *Kommunikativen* an. Der moralische *Sinn* dagegen ist der *Lebensakt*, der jedes Mal *in einem Gefühl des Selbst erlebt und in seinem Erlebtwerden zugleich erlitten* wird. Er ist daher *inkommunikativ*, äußerst privat und absolut einsam. Die *semantische* Dimension der Subjektivität ist *Bedeutung*; sie ist ihre institutionalisierte und praktische „Objektivität". Der *Sinn* dagegen ist die pathische Dimension, die innerste Empfindung von „Subjektivität", ihr geschmolzener Kern.

Bedeutung hat aufs Engste mit „Wert" zu tun. Denn Wert hat die Konnotation des Stabilen, Objektiven. Bedeutung und Wert werden beide gleichermaßen stets mit einem allgemein erkennbaren Inhalt einer Vorstellung verbunden. Für den im Prinzip einsamen, in einem Gefühl des Selbst erlebten Lebensakt des Sinns dagegen gibt es in Wahrheit keine „Werte", sondern nur das stets neu anfängliche Ereignis von Bewertungen, Interpretationen, erlebtem Gehalt. Für ihn ist die Wahrheit kein mit einem Wert kommensurables Objekt. Als Mühe oder Vergnügen der Suche, als Lust an einer begrifflichen Ordnung oder als Interesse an der Nützlichkeit ihrer Anwendung wird Wahrheit von der moralischen Lebensdimension des Subjekts von Mal zu Mal *gefühlt*: sie, die „Ewige", Zeitlose, wird durch die Zeitlichkeit eines flüchtigen Sinns erlebt. Die Begegnung unseres lebenden Körpers mit den Dingen unserer Umgebung, auch mit den kulturellen, das Miteinbeziehen dieser Dinge in unser subjektives Leben – all das ist nicht deshalb zeitlich, weil es *in* der Zeit ist, sondern weil es *die Zeit selbst* ist: Nämlich der *gefühlte* Einbruch des Unterschiedes, der stets *ursprünglich erlebte Sinn. Nur im Sinn wohnt Zeitlichkeit; und Sinn wohnt nur in der Zeitlichkeit.* Diese Wahrheit hat sich in der Postmoderne mehr als in allen anderen Epochen davor zur erlebten Wirklichkeit erhoben.

LIV

Was bedeutet das für die Frage nach Ethik und Moral?

Es bedeutet: Wenn die Existenz als Leben, das man *erleidet* – beziehungsweise als das Menschliche, das sich als Leidendes versteht (das παθει μαθος des *Aischylos*) –, stets bereits ein *affektiver Kompromiss* ist, in dem die Dinge *gefühlt* werden, dann erlebt man entweder einen gelebten wirklichen Sinn – oder es gibt ihn nicht. Die Logik sagt uns, dass nur eines von beiden möglich ist. Der Sinn ist sozusagen die primäre „pathische" Gefühlsladung jedes Bewusstseinsphänomens. Ein Wissen vom Gelebten, das etwas anderes oder mehr als eine solche Ladung ist, das heißt das „Objektive" eines veräußerbaren „Wertes", bedeutet dagegen rein gar nichts. Das Wissen vom gelebten Sinn ist einzig und allein wiederum selbst ein erlebter Sinn: Ein pathisches Phänomen.

LV

Deshalb gilt auch für unser Leben in der Postmoderne (und darüber hinaus), was immer schon galt: *Ohne die Begegnung einer fleischgewordenen Vernunft mit Anderen gäbe es kein Gelebtes.* Die pathischen Phänomene und ihr tendenziell unendlicher Widerhall im pathischen Wissen des Selbst von ihnen könnten ohne das Spiel einer Vielheit von Lebenden nicht entstehen und auch nicht bestehen.

Aus diesem Grund ist klar, dass es trotz der nihilistischen Verlautbarungen der postmodernen Selbstspiegelung des Subjekts letztlich doch vernünftig ist, von einer bestimmten „Universalität" der moralischen Werte zu sprechen. Aber eben anders, als man dies normalerweise tut. Die Universalität, die mit Sicherheit niemals aus der Indifferenz geboren werden könnte, kann sich im Wachstum der Erlebnisse in der *Gegenseitigkeit der Sorge* manifestieren: In der Verknüpfung erlebter sympathetischer Beziehungen.

LVI

Wer dagegen, wie Hegel, den *Sinn* des Moralischen auf die *Bedeutung* reduziert, oder wer, wie *Merleau-Ponty,* die *Bedeutung* des Moralischen auf den *Sinn* reduziert, der verkennt nur ein weiteres Mal, dass die für die Klärung der subjektiven Existenz entscheidende Frage nicht auf den Ursprung von Bedeutungen gerichtet ist. Sie ist stattdessen auf den Ursprung einer Öffnung hin gerichtet: Auf die Öffnung und die stets neue Genese jener geheimnisvollen *gemeinsamen Intimität*, in der wir uns wiederfinden, wenn wir den Sinn unseres Verstehens dramatisch in das öffentliche Spiel der kodierten Kommunikation werfen, um diesen Sinn dennoch zugleich in der Einsamkeit unserer privaten Mitteilungslosigkeit weiter als authentisches Selbst zu erleben. Wenn man sich einmal vom Irrtum gelöst hat, dass „die Wahrheit" eine erkennbare Objektivität des Sinns sein muss, dann scheint *Nietzsches* Auffassung des moralischen Phänomens als „Willen zur Wahrheit" in der Tat den innersten Kern der Konstitution des postmodernen Subjekts zu treffen. Wenn einerseits der unmittelbare Sinn des Lebens nicht reifen kann, wenn er nicht durch die

Vermittlung kultureller, geschichtlich-intersubjektiver Bedeutungen genährt und zum Sprechen gebracht wird, dann existieren andererseits die feinsten kulturellen Elaborate niemals außerhalb des subjektiven Lebenssinns: Niemals werden sie als reine „Darbietungen" von Wahrheit auf der Bühne „der" Geschichte gegeben, sondern sie müssen immer als „Konvivenzen" der Handlung in die Konkretheit des Gelebten eingebunden sein.

LVII

Abschließend und vorausschauend: Wie kann dieses Lebendige des Moralischen heute zu einer Selbstwahrnehmung kommen?

Die Selbstinterpretation des moralischen *Sinns* (nicht der moralischen Bedeutung) als ursprüngliche Mit-Sinnhaftigkeit des Subjekts mit anderen Subjekten bedeutet, dass sich *Sinn* nicht einfach auto-interpretiert – sondern dass er *fühlt, ja sinnlich wahrnimmt*, wie er sich nur dann erzeugen und halten kann, wenn er das sucht, was ihn begründet und immer neu stiftet: Den *Mit-Sinn*. Nietzsches „Das Phänomen moralisch interpretieren" ist also zuletzt keine Operation der praktischen Vernunft. Es ist eher das *Gefühl* der Praxis als Erlebnis der Fundamentalität des Mit-Sinns: Des eigenen Nicht-Sein-Könnens, ohne im Mit-Sinn zu sein.

Moral ist damit zwar nicht auf der Bedeutungs-, wohl aber auf der Sinn-Ebene ihrem Wesen nach immer schon *Wille zum Mit-Sinn*. Der „Wille zur Wahrheit", von dem das moralisch „interpretierte" Phänomen gekennzeichnet ist, ist daher nichts anderes als der Kern des Sinns überhaupt: Der *Wille zum Mit-Sinn*.

LVIII

Dieser Mit-Sinn ist in der politischen, soziologischen und juridischen Übereinstimmung nichts anderes als die als *Mitgefühl* auf die äußere Sphäre der Praxis projizierte, alles begründende *Gefühlstiefe des Erlebten*. Voraussetzung für die Funktion der Subjektivität ist es, sich genau im Mit-Fühlen als lebende Einzigartigkeit zu fühlen, und dennoch zugleich als unlösbare Abhängigkeit vom Leben anderer, vom Sinn der anderen, der niemals einfach zu unserem eigenen gemacht werden kann, der aber dennoch seinerseits ohne den unseren nicht der Sinn wäre, der er ist. So wie unser Sinn ohne den Sinn der anderen auch nicht der Sinn wäre, der er ist.

Der moralische Sinn ist demnach in ganz bestimmender Weise ein Impuls zum Mit-Fühlen und zur Suche nach dem Mit-Sinnen: Nach Sympathie. *In dieser ursprünglichen Erotizität des Zwischenmenschlichen wurzelt das Moralische*. Daran hat sich in der Postmoderne nichts geändert.

LIX

Was ist von alledem das Fazit? Und wo liegt die Perspektive?

In der moralischen Interpretation nicht des subjektiven Phänomens, sondern der objektiven Praxis des 21. Jahrhunderts wird das *Gute* schlussendlich – und vielleicht mehr denn je – *nicht* die Abwesenheit von Interessen, sondern die völlige und uneingeschränkte Entfaltung des fundamentalen Interesses jedes einzelnen Lebens am unbegrenzten Mit-Sinn (Konsensus) sein. Wenn dieses fundamentale moralische Interesse des Subjekts überwältigt und die ursprüngliche Sinnhaftigkeit der in all seinen Lebensäußerungen stets mitschwingenden, sehnsüchtigen Suche nach dem Mit-Sinn erstickt wird, wenn man sich also der Gewalt eines totalitären Auseinander-Seins überlässt, das in den Aporien der postmodernen Subjektivität gleichermaßen lauert, dann herrscht „absolute Feindschaft": Dann wird der Krieg, der absolute Nicht-Sinn, zur tödlichen Krankheit des 21. Jahrhunderts werden. Wenn sich der Sinn des abendländischen Subjekts auf diese tragische Weise selbst negieren und in den Abgrund der von ihm durch sich selbst erlittenen Unsinnigkeit stürzen sollte: Dann wäre dies *das Böse*.

Moral als neue Metaphysik
Gibt es Gut und Böse im 21. Jahrhundert überhaupt noch?

Silvano Demarchi

Wir reden über Gut und Böse. Aber gibt es sie heute überhaupt noch? Wie können wir ihre Unterscheidung – und zugleich ihre mutmaßlich unvermeidliche Einheit – in der Realität denken, wenn die naive Gleichsetzung von *Böse mit Leiden* und von *Gut mit Glück* nicht mehr in unsere Auslegung der beiden Begriffe fällt? Und können wir dabei mit Wissen – oder müssen wir mit Glauben arbeiten?

I

Ein korrekter Zugang zum Begriff des Guten ist, auf dieselbe Weise, in der man wahr und unwahr dialektisch aneinander bindet, nur dann möglich, wenn man auch sein Gegenteil berücksichtigt. Für den Mazdeismus waren Gut und Böse die zwei höchsten, zu Gottheiten erhobenen Prinzipien des Seins: Ormuzd, der Gute, und Ahriman, der Böse, der vom Guten besiegt werden musste. Das Leben entwickelte sich, ähnlich wie für den späteren – wesentlich pessimistischeren – Manichäismus, aus dem Kampf zwischen diesen Gegensätzen. Die christliche Genesis geht einen vergleichbaren Weg: Gott siegt zwar über Luzifer, seinen Gegenspieler, aber der Kampf setzt sich durch die Geschichte der Menschheit fort, die zu einer Geschichte von Sündenfall und Erlösung wird.

Die Begriffe Gut und Böse stehen also in einer unaufhebbaren wechselseitigen Beziehung. Nur durch ihre wechselseitige Klärung ist es möglich, für sich abzuleiten, was man tun soll und was nicht.

Wo also ist das Gute?

II

Rousseau glaubte daran, dass der Mensch in seinem Urzustand im Besitz des Guten gewesen sei, solange er im Einklang mit der Natur und seinen Instinkten lebte. „Verdorben" habe ihn dann erst die Zivilisation. Die Ergebnisse späterer ethnologischer Forschungen haben allerdings *Rousseaus* Auffassung größtenteils widerlegt. *Claude Levi-Strauss* etwa wies nach, dass bestimmte Stämme im brasilianischen Urwald, wie zum Beispiel die Nambikwara-Indianer, die noch im Urzustand leben, gänzlich andere Moralvorstellungen haben als wir. So hatte der Häuptling für seine Leistungen ein Anrecht auf Polygamie. Sexuelle Kontakte spielten sich mehr oder minder in aller Öffentlichkeit und unter den Blicken anderer ab; Homosexualität war nicht nur erlaubt, sondern unter Verwandten bis zu einem bestimmten Grad sogar institutionalisiert. Was aber besonders ins Auge stach: Es galt als völlig selbstverständlich, ein Stammesmitglied, welches das Gemeinschaftsleben störte, durch Gift zu töten. All diese Handlungsweisen waren weder Gegenstand von moralischen Bedenken noch Ursache von Gewissensproblemen. Der Verlust seines Schmuckes löste bei einem Nambikwara Trauer und Niedergeschlagenheit aus, während ihn die Tötung eines Feindes mit freudigem Stolz erfüllte, und der Tod eines Stammesmitgliedes mit Gleichgültigkeit beschlossen und auch herbeigeführt wurde.

III

Dieses Stammesleben, das heute manche in gewisser Hinsicht als unmoralisch bezeichnen würden, stand im Zeichen andauernder Sorglosigkeit und Heiterkeit. Die einzige Sorge bestand in der Nahrungsbeschaffung, damit zu jeder Jahreszeit das Überleben garantiert war. *Levi Strauss* schreibt:

> „Die Armut wird aufgeheitert durch Flüstern und Gelächter. Paare umarmen sich in ihrer Sehnsucht nach der verlorenen Einheit. Ein Fremder, der vorbeikommt, ist für sie kein Grund, ihre Zärtlichkeiten zu unterbrechen. Man spürt bei allen eine unendliche Freundlichkeit, eine absolute Gleichgültigkeit, eine kindliche und köstliche Befriedigung des Animalischen, und wenn man alle diese so unterschiedlichen Gefühle auf einen Nenner bringen wollte, etwas, das als überaus rührender Ausdruck der menschlichen Zärtlichkeit bezeichnet werden kann."[1]

Wenn wir einen Blick in die Geschichte der organisierten Gesellschaften der Urvölker werfen, stellen wir zudem fest, dass bei den Persern die Ehe zwischen

---

1 Claude Levi-Strauss, *Tristi tropici*, Milano 1960, Seite 278.

Moral als neue Metaphysik

engen Verwandten, also Bruder und Schwester, erlaubt war, und dass neben einem Wertekodex (der dazu da war, Gier durch Demut, Zorn durch Gehorsam, Neid durch Wohlwollen abzutöten) auch andere Regeln galten, wie zum Beispiel den Wasserbiber nicht zu töten. In der Ilias wird Grausamkeit in ihren vielen Gewändern nicht nur beschrieben, sondern fast verherrlicht: Man denke an Achill, der den toten Hektor unter den Augen der Eltern mit dem Zweigespann bis vor die Mauern Trojas schleift, oder später an die Triumphzeremonien der Römer, deren Gnadenlosigkeit gegenüber den Besiegten der damals sprichwörtlichen asiatischen Grausamkeit in nichts nachstand. *Es gibt noch unzählige weitere Belege dafür, dass weder vom konkreten Handeln der Menschen noch von ihren Verhaltenskodizes eine moralische Norm in unserem gegenwärtigen Sinn abgelesen werden kann – auf welcher Kulturstufe wir das auch immer versuchen.*

IV

Angesichts dieser historischen und kulturellen Bedingtheiten von Moral, in die uns die Postmoderne vollends Einblick verschafft hat, ist es schwer, eine Moral für die Gegenwart „substantiell" zu begründen. Wir können dies heute, im Zeitalter der Auflösung der Ideologien und Wertsysteme, im Endeffekt nur unter Rückgriff auf unsere eigenen, unmittelbaren Erfahrungsinhalte tun.

So hat es den Anschein, dass Moral mit dem Gefühl der Pietät beginnt, die jeder Mensch, unabhängig von Kultur und historischer Situation, als empirische Empfindungstatsache zu kennen scheint: Mit jener Pietät, die *Buddha* dem Alter, der Krankheit und dem Tod gegenüber empfand und die ihn nach dem Ursprung des Schmerzes und nach dem Weg der Befreiung suchen ließ. Mit jener Pietät, die *Jesus* in seiner Bergpredigt meinte, wenn er die Armen, die Verfolgten, die Sanftmütigen, die Reinen und die Gerechten pries.

V

Dennoch kann Pietät offenbar *alleine* nicht das Böse beseitigen, das ihre Abwesenheit ist. Dazu bedarf es einer mit Liebe gepaarten Gerechtigkeit, die davon ausgeht, dass „du keinem anderen das zufügen sollst, von dem du nicht willst, dass es dir selbst zugefügt werde". Das ist die grundlegende ethische Norm des Christentums, die das Böse nicht in eine reine Abwesenheit des Guten verkehrt, sondern das Gute als Gegenhandlung zum Bösen versteht und etwa bei *Kant*, in einem anderen epistemologischen Kontext, so lautet: „Handle stets so, dass die Maxime deines

Willens stets das Prinzip einer allgemeinen Gesetzgebung sein könnte!". Was für mich gilt, muss für alle gelten! *Hesiod*, von dem nicht bekannt ist, ob er im 8. oder im 7. Jahrhundert v. Chr. gelebt hat, schreibt:

> „Die Fische, die Raubtiere, die Vögel fressen einander auf, weil es ihrer Art entspricht, dass unter ihnen keine Gerechtigkeit herrscht; aber den Menschen gab (Zeus) die Gerechtigkeit, und das ist unendlich viel mehr wert."[2]

VI

Wenn wir die großen historischen Religionen, deren Aufgabe in der Unterweisung der Menschen bestand, einer näheren Betrachtung unterziehen, dann fällt auf, dass die Unterscheidung zwischen Gut und Böse in vielen von ihnen auf verblüffend ähnliche Weise geregelt ist.

Die Bhagavad Gita spricht zum Beispiel von Reinheit des Herzens, Freimütigkeit, Selbstbeherrschung, Aufrichtigkeit, Mitleid mit anderen Wesen, Langmut, Beständigkeit... das sind die Tugenden dessen, der durch seine Geburt für ein göttliches Schicksal auserkoren ist. Und *Buddha* schreibt für den achtfachen Weg der Tugend zusätzlich zu rechter Ansicht, rechter Absicht, rechtem Leben, rechter Achtsamkeit, rechter Konzentration auch Enthaltungen vor, und zwar von Leidenschaft, Hass, Grausamkeit, Falschheit, Lüge und Tötung. Wer so handelt, ruht gleichmütig und weise in sich selbst. Das Bekenntnis des reichen jungen Mannes aus dem Evangelium zeigt uns in ganz ähnlicher Weise den Kern jener Moral, die *Jesus* meinte, wenn er von seinen Geboten sprach: Du sollst nicht töten, du sollst nicht stehlen, du sollst nicht ehebrechen, du sollst kein falsches Zeugnis ablegen, du sollst Vater und Mutter ehren und deinen Nächsten lieben wie dich selbst. Dadurch, dass sich der Mensch an diese Gebote hält, erkennt er laut den großen Weltreligionen das Gute und befähigt sich selbst, es in seinem Leben zu verwirklichen.

VII

Die Kerntugenden, in denen die Ethik der großen Religionen übereinstimmt, sind aber nicht der Zweck, sondern lediglich Mittel, um moralischen Fortschritt, im Idealfall moralische Vollkommenheit zu erreichen. Viele Gläubige verwechseln jedoch das Mittel mit dem Zweck und sehen das Ziel darin, sich in so mancher Tugend zu

---

2 Esiodo, *Le opere e i giorni*, Milano 1979, S. 115, Vers 274–285.

üben. Von daher stammen der starre Formalismus, die Angst vor schrecklichen Strafen, der Aberglaube, das Pharisäertum, die Prüderie: Lauter Irrwege, auf die der Mensch gerät, wenn er das eigentliche Ziel aus den Augen verliert, nämlich das Gute, das im inneren Vollziehen und nicht im äußerlichen Respektieren der Moralregeln angesiedelt ist. Im Gegensatz zu dem, was *Sokrates* im Euthyphron behauptet, entspricht es keinesfalls der Wahrheit, dass eine Tugend, in der sich der Mensch übt, ganz selbstverständlich den Besitz aller anderen Tugenden zur Folge hat: Zu oft sind zum Beispiel Menschen, die das Armutsgelübde abgelegt haben, kaum zu konkreten Taten der Nächstenliebe bereit. Man weiß, dass kirchliche und militärische Gemeinschaften ohne Gehorsam nicht funktionieren können; aber derjenige, der ihn leistet, erweist ihn dem Charisma der eingesetzten Obrigkeit, deren Befehle für ihn Ausdruck eines göttlichen Willens sind, und er gehorcht auch dann, wenn die Anordnungen seiner Vorgesetzten mit seinem eigenen Gewissen nicht vereinbar sind. Aber gerade im zivilen und religiösen Ungehorsam liegt oft die unwiederbringliche moralische Chance, ein ungeeignetes System einstürzen zu lassen und eine neue Wertehierarchie zu errichten, die einen neuen Entwicklungsprozess erst möglich macht.

VIII

Tugendhaft muss man daher aus Überzeugung sein, auf innere Heiterkeit bedacht. Tugenden müssen als ausgewogenes Ganzes gepflegt werden, innerhalb dessen keine die anderen unterdrücken darf. Denn auch die *Übertreibungen im Guten* können Schaden anrichten – sowohl beim Tugendhaften als auch bei dem, an dem die Tugend „praktiziert" wird. Die Liebe zum Nächsten bedarf der Unterscheidung, der Mut der Besonnenheit, die Aufrichtigkeit der Höflichkeit, der Umgang mit den Gütern der Mäßigung. Tugend ist also ein Instrument – und zugleich nur ein Teil. Jede ethische Norm ist lediglich Orientierung, denn der Sinn transzendiert den Horizont formaler Gesetzlichkeit.

IX

In den Augen namhafter Denker stimmen die Weltreligionen in wesentlichen Geboten überein, da darin die Voraussetzungen für ein geordnetes soziales Leben verankert waren. Ein Gebot, an das sich aber weder die Anhänger der Naturreligionen noch jene der historischen Religionen gehalten haben, war das Tötungsverbot. Die Kirchen missachteten es immer dann, wenn es um diejenigen ging, die von der geltenden Doktrin abwichen oder von denen man meinte, dass sie vom Teufel besessen seien: (Angebliche) Häretiker und Hexen wurden auf dem Scheiterhaufen verbrannt, und ihre Zahl ging in die Millionen. Dazu kommen die „Heiligen Kriege" der monotheistischen Religionen – von den heutigen Fundamentalisten wie etwa ISIS im Irak und Syrien ganz zu schweigen.

Im Angesicht dieser Tatsachen muss man sich fragen, wie Religionen mit derart hohen moralischen Normen sich so weit herablassen konnten, von ihren Anhängern schreckliche Verbrechen und Bluttaten einzufordern. Die Worte, die ein Verstorbener in dem 3000 Jahre vor Christus verfassten „Ägyptischen Totenbuch" zu Osiris spricht, sind in diesem Zusammenhang von ungeahnter Aktualität. „Ich habe niemanden getötet. Ich habe niemanden zum Weinen gebracht. Ich habe nicht zugelassen, dass jemand Hunger leide. Ich habe niemals Leid verursacht. Ich habe keinem Menschen Angst eingeflößt. Aus mir hat nie Hochmut gesprochen. Ich hatte immer ein Ohr für gerechte und wahre Worte. Ich habe mich nie um Ruhm und Ehre bemüht. Ich habe Gott niemals in seinen Äußerungen abgewiesen." Wenn das das Idealbild der damaligen Zeit war, dann kann man nicht behaupten, dass wir seit jener Zeit einen Fortschritt gemacht haben. Die Forderungen sind immer noch aktuell. Warum?

X

Vor uns klafft ein Abgrund zwischen Worten und Taten, zwischen Verlautbarung ethischer Prinzipien von Seiten der Religionsgründer und der Anwendung von Seiten ihrer Anhänger, welche die Lehre zuweilen geradezu umgekehrt haben. Wenn auf der einen Seite Übereinstimmung hinsichtlich einiger ethischer Normen herrscht und damit, wenn es um die Definition des Guten geht, die Universalität des ethischen Prinzips auf kleinstem gemeinsamem Nenner geltend gemacht werden kann, finden wir auf der Handlungsebene – ohne das tatsächlich geschehene Gute unterschätzen zu wollen – oft genug das genaue Gegenteil. Das gilt zweifellos im historischen Rückblick – doch ist es heute anders?

XI

Wir leben gegenwärtig in einer globalisierten Wirtschaftskultur, die, wenn auch in zweischneidiger Weise, durch die „Renaissance der Religionen" gekennzeichnet ist. Es ist bekannt, dass jede Wirtschaftsaktivität ihren Ursprung in den Bedürfnissen findet, die zwar zahllos sind, aber dennoch durch die technisch und natürlich begrenzte Anzahl der Güter eingeschränkt werden. Das in gesellschaftlicher Hinsicht hervorstechendste Merkmal der Bedürfnisse ist der Umstand, dass sie nach unmittelbarer Befriedigung streben, um sich dann, sobald sie diese erreicht haben, in anderer Gestalt wieder ebenso drängend bemerkbar zu machen. Es gibt eine ganze Wissenschaft, die die Zusammenhänge zwischen Bedürfnissen und Gütern erforscht; die Werbetechnik befasst sich damit, wie Produkte die Aufmerksamkeit des Konsumenten auf sich ziehen und die Kauflust stimulieren können. Zu den Grundbedürfnissen gesellen sich deshalb, von der Werbung ins Leben gerufen, zunehmend andere, die ebenfalls befriedigt werden wollen. Die Kaufkraft dehnt sich auf Dinge aus, von denen früher niemand auch nur geträumt hätte: Bestimmte Speisen und Getränke, bestimmte Freizeitgewohnheiten und Urlaubsziele bleiben nun nicht nur Gewohnheit, sondern werden in einem gewissen Sinn sogar zur Notwendigkeit.

XII

Unsere von Konsum und technischem Fortschritt geprägte Gesellschaft ist jedoch nicht freier geworden, sondern abhängiger: Information und Bevormundung durch die Massenmedien bestimmen die Menschen in ihren Entscheidungen. Vor Jahren ergaben amerikanische Untersuchungen, dass der Preis, den der Verbraucher bezahlt, zu 80 % aus Werbekosten besteht, während das eigentliche Produkt nur 20 % ausmacht. Das sei aber genau das, was der Konsument wolle, heißt es: Ein Gegenstand ohne Aufforderungscharakter habe keinen Wert, denn erst der Aufforderungscharakter werte den Gegenstand entscheidend auf.

Man hat in Summe dieser Entwicklungen längst festgestellt, dass Bedürfnisse vor allem psychische Phänomene sind, die eine mentale Befindlichkeit verkörpern, und dass unser Handeln nicht von Tatsachen ausgeht, sondern von der Meinung, die wir von den Tatsachen haben. Unser Konsumverhalten beruht daher nicht auf gegebenen und tatsächlichen Notwendigkeiten, sondern auf Pseudonotwendigkeiten, die durch Moden und Konventionen induziert werden.

XIII

Wenn es aber stimmt, dass Leben eine unentwegte Glückssuche ist: Kann dann die Lösung darin bestehen, dass unentwegt neue Bedürfnisse geschaffen und befriedigt werden?

Wer sein Glück in irdischen Gütern sucht, wird eine momentane Befriedigung erfahren, die dann wiederum vom Wunsch nach einem neuen Genuss oder Besitz abgelöst wird: Ein unendlicher Kreislauf also, dem kein Ende beschieden sein kann. Für die Stoiker und die Epikureer bestand der Zustand des Glücks in der Apathie oder Ataraxie, einer inneren Befindlichkeit, die gefeit ist gegen Bedürfnisse oder gegen den Wunsch etwas zu besitzen, was außerhalb des Menschen selbst liegt. Der stoische Begriff der Unerschütterlichkeit beruht auf dem Prinzip, dass das Glück, wie übrigens die Wahrheit auch, nur im Innern des Menschen gefunden werden kann. Warum also setzen wir uns dann pausenlos fragwürdige und kurzlebige Ziele?

Die Antwort ist, dass wir immer annehmen, andere lebten unter besseren Bedingungen als wir, wie es schon der christliche Philosoph *Boethius* in „De consolatione philosophiae" feststellte: Eine jede Bedingung, die nicht unsere ist, wird für besser gehalten. Von daher stammt die Unzufriedenheit mit dem eigenen Zustand und der dauernde Wunsch, sich dem der anderen anzunähern: Doch ist dies im Grunde nichts anderes als eine Flucht vor sich selbst.

XIV

In der Baghavad Gita, zuweilen auch das Evangelium der Menschheit genannt, steht eine wertvolle Regel, die man nicht aus den Augen verlieren sollte: „Handle, denn handeln ist besser als nicht handeln, und ohne zu handeln könnte nicht einmal der Körper erhalten werden... Diese Welt ist an das Handeln gebunden... Deshalb: Handle am besten in völliger Ungebundenheit."

Es gilt also zu handeln, aber ohne an die Frucht des Handelns wie etwa Genuss, Vergnügen, Lust, Besitz, Macht, irdische Güter und all das gebunden zu sein, was von der eigenen inneren Vervollkommnung ablenken kann, die einzig und allein Heiterkeit zu schenken vermag.

XV

Der große Widerspruch, die existenzielle Falle, in die sich der postmoderne Mensch verstrickt hat, ist der Verlust der Zeit. Unser fieberhafter Lebensstil, die Eile, die zahllosen täglichen Beschäftigungen, die pausenlose Ablenkung durch die Erzeugnisse der Technik und der Mode – all das hindert den Menschen nicht nur daran, sich auf sich selbst zu besinnen, sondern hält ihn auch vom Genuss jener zahlreichen Grundgüter ab, mit welchen die Natur uns eine Quelle wahren Glücks geschaffen hat. Ebenso wie der verkehrte Einsatz der Naturkräfte (man denke an die Atombombe, die Umweltzerstörung) die Menschheit ins Verderben stürzen kann, wird die Jagd nach Gütern, die unsere Bedürfnisse nicht stillen, sondern ins Unermessliche anwachsen lassen, uns am Genuss hindern und uns jene Werte verlieren lassen, die im Kontakt mit der Natur wurzeln und uns dazu befähigen, uns als Teil des kosmischen Lebens wahrzunehmen, seine Ordnung und seine Gesetze voll Bewunderung zu erkennen, und unser individuelles Leben mit dem Pulsieren des Universums in Einklang zu bringen.

Trotzdem: Die Bedürfnisse abschaffen zu wollen, wäre ein genauso anachronistisches wie unmögliches Unterfangen. Darum geht es nicht. Sondern es geht darum, das Bedürfnis als mentalen Status zu reduzieren, ihm den Stachel der andauernden Unzufriedenheit und Unbefriedigtheit, der ziellosen Geschäftigkeit zu nehmen. Nur dann kann der Zeitgenosse in Übereinstimmung mit all jenen Religionen leben, die das Glück in der Innerlichkeit sehen, in der die Wahrheit wohnt, ganz nach dem Satz des *Augustinus*: *Redi in te ipsum, in interiore homine habitat veritas.*

„Vergöttlichung" im Zeitalter des Cyberplatonismus
Die Internet-Ära erfordert ein neues moralisches Denken

Salvatore Lavecchia

Am Anfang erklang das Wort *Vergöttlichung* mit gewaltigem Ton auf Süditaliens fruchtbarem Boden… Es war das „Folge dem Gott!" des Pythagoras. Dem Drang nach Gottähnlichkeit des moralischen Menschen entsprangen der Tod des Empedokles und *Platons* „italienische Reise" auf der Suche nach der Pythagoreischen Wahrheit: Nach einer *gottähnlichen Form von Gemeinschaft*. Platon verließ Italien wieder; gleich danach blühte seine Akademie auf…

Doch was hat uns die antike Suche nach „Vergöttlichung" des Menschen heute noch zu sagen – im Zeitalter des „Cyberplatonismus"? Braucht die Internet-Epoche ein neues moralisches Denken – aus dem Cyberplatonismus heraus, doch erneut, weil mutmaßlich unvermeidlich für das abendländische Denken auch noch in der Ära des technoiden „Transhumanismus" des Menschen?

I

Der „vergöttlichende" *Eros* des Schönen und Wahren, der platonische Eros, der nach der Weisheit der *Sophia* strebt und dabei dem Anspruch nach zur Unsterblichkeit der Seele führt, verließ Italien nicht mit *Platon*. Er wurde stattdessen zu *Dantes* Streben nach dem *Indiarsi* (dem *Sich-Eingöttlichen*); zu *Petrarcas* Drang nach dem vergöttlichenden, Liebe-getragenen *Aufstieg der Seele*. *Petrarca* wurde deshalb zum ersten Denker im damaligen „Westen", der ein Manuskript von *Platons* Dialogen besaß.

Ja, *Platon* selbst kehrte zurück nach Italien am Anfang der Moderne, als in Italien der Traum einer neuen *Accademia Platonica* geträumt wurde – mit *Marsilio Ficino* oder *Giovanni Pico della Mirandola*. Dieser neo-platonische Traum eroberte von Italien ausgehend Europa. Er schenkte dem Abendland den Humanismus, der die Würde des Menschen (*hominis dignitas*) mit dem Streben nach Selbsttranszendierung identifiziert. Das selbstbewusste moderne Subjekt konstituierte sich *platonisch* als aus der Freiheit zu bildende, schöpferische, *weltverwandelnde* Einheit des Menschlichen mit dem Göttlichen. Die *Erfindung der göttlichen Freiheit des Ich* war vielleicht der glänzendste Beitrag Italiens zur Entstehung der Moderne, vielleicht auch das wichtigste Erbe des *Rinascimento* (*Giordano Bruno, Tommaso Campanella*). Und die individuelle Moral war ihr Scharnier ebenso wie ihr Instrument.

II

Trotzdem verzettelte sich das moderne Subjekt gerade in Italien jahrhundertelang in die Atomisierung des *particulare*, wurde aber im 18. Jahrhundert doch mehr oder weniger plötzlich, von jenseits der Alpen, durch den Schrei eines angeblich *absoluten Ichs* geweckt. Der deutsche Idealismus, eine Metamorphose des Platonismus, die dem jetzt wenigstens der Anmaßung nach tatsächlich vollkommenen, gottähnlichen Selbstbewusstsein des modernen Subjekts entsprang, durchtränkte nun umgekehrt die ursprüngliche Heimat des modernen Platonismus. Die modernen italienischen Idealisten (*Croce, Gentile*, und viele andere weniger bekannte Denker) wetteiferten im 19. und 20. Jahrhundert auf der italienischen Halbinsel darum, mögliche Einseitigkeiten der deutschen Philosophie zu überwinden, das Subjektive und das Objektive des Ich zu einer *aktualen*, weltschöpferischen Einheit zu verschmelzen, in welcher Schau der Ideen und geistdurchdrungenes Handeln unmittelbar zusammenfallen würden.

Der daraus resultierende tragische Versuch des Hauptvertreters des italienischen Neuidealismus *Giovanni Gentile* (1875-1944), das Ideal einer Philosophie zu *realisieren*, die als schöpferische beziehungsweise gemeinschaftsbildende Tätigkeit des Geistes mit einer politischen Erziehungskunst für die Gesellschaft zusammenfiele, war der Schwanengesang des modernen Platonismus. *Gentiles* Ansatz mündete mehr oder weniger direkt in den Faschismus, wie die anderer anfangs vielversprechender neo-idealistischer Geister, darunter etwa der *Julius Evolas*. Das war der allzu frühe Abgesang auf die moderne idealistische Philosophie, die, in mehr oder weniger bewusster Kontinuität mit *Platons* Geist, die individuelle und bewusste Erfahrung des Geistigen als Grundlage jedes gerechten sozialen Organismus betrachtet hatte.

III

Die Trümmer zweier Weltkriege begruben dann unter sich auch die gesellschaftliche Wirkung jeder ernst gemeinten *platonischen* beziehungsweise *idealistischen* Philosophie. Der Platonismus, das Streben nach Transzendierung des Menschlichen wurde, ausgehend einerseits von Blindheit Platons Werk gegenüber, andererseits von den rechten und linken Entartungen der europäischen Totalitarismen, als Tyrannenphilosophie abgetan. Die idealistische Sehnsucht nach einer individuell-freien ebenso wie objektiv-geistigen Weisheit, die *Philo-Sophia*, wurde in Europa aus dem offiziellen Diskurs weitgehend verbannt. Der Weg zur Selbstvergötzung der scheinbar „absoluten" Subjektivität war damit geebnet: *Nietzsches* Schrei nach dem Übermenschen wurde in den letzten Jahrzehnten durchaus einseitig zur wilden Tobsucht eines allmächtigen Subjekts, das letztendlich die Existenz jeglicher *Idee* als Angriff gegen seine Freiheit empfindet. Gott ist jetzt tatsächlich gestorben, und jedes einzelne Subjekt will als Gott verehrt werden. Nach der rein *objektiven* Beschlagnahmung der Welt durch die rechten und linken Totalitarismen kommt es zu deren *subjektiver* Beschlagnahmung durch die atomisierten Individuen der Postmoderne.

IV

Und der Kulturraum, der dem postmodernen Menschen das Selbstbewusstsein des Ich schenkte? Er gab der hemmungslosen Lust nach „Göttlichkeit" der rein subjektiven, unmittelbaren und bedingungslosen Bedürfnisbefriedigung Raum. Kaschiert unter einer *Überpolitisierung* des Lebens, in deren Perspektive das Individuum mit seinen allzumenschlichen Bedürfnissen identifiziert wird, erweist sich die Substanz des Menschen als Befriedigung biologischer Bedürfnisse. Damit wird jede Form der Subjektivität mit jeder anderen gleichgestellt: Wenn jedes Individuum mit den für alle anderen Individuen gleichen biologischen Bedürfnissen identifiziert wird, dann wird Differenz und Eigen-Sinn *unwesentlich*.

Dies ist eine Logik, die mehr oder weniger bewusst dazu führt, dass jede Form der Ethik und jede Form der Kultur prinzipiell als *gleich* mit jeder anderen betrachtet wird. Wenn das Biologische das einzig Objektive darstellt, dann versinkt jeder außerbiologische Bereich des menschlichen Lebens in eine wortwörtlich zu verstehende *Gleichgültigkeit*. Denn in einem biologistischen Denken wird das Subjekt gerade durch seine vom Biologischen her bestimmte Relativität zum Maßstab der Dinge. Damit ist der Weg zur Ökonomisierung jeder Sphäre des Lebens gebahnt, und der *homo oeconomicus* wird zum *Plastikgott* erhoben.

Das, was sich daraus ergibt, ist unsere heutige Geschichte. Die Konstruktion einer „posthumanen" Gesellschaft bildet die neue Utopie des selbstvergotteten Menschen. Cyberkultur, Biotechnologie und Transhumanismus stellen die Frage: Ist vielleicht der schon von anderen Propheten (durchaus viel gröber) propagierte Traum eines

Ich-losen Menschen, eines Menschen, der nicht mehr unter der Last der Liebe zur Weisheit beziehungsweise der Philosophie leiden muss, endlich realisierbar?

V

Trotz, oder gerade wegen der Enttäuschungen des modernen Platonismus ist die italienische Philosophie der Nachkriegszeit eine durchaus einmalige Erscheinung. Paradoxerweise hat die Koexistenz von zwei Kirchen (der römisch-katholischen und der Kommunistischen Partei) den mehr oder weniger gewollten Schutzraum für die Entfaltung einer kaum vergleichbaren Polyphonie geschaffen. Denn beide „Kirchen" wollten (nicht unbedingt um der Bekehrung willen) bei Schutz der eigenen Ansätze doch ein Gespräch mit den Gläubigen der anderen Front beginnen. Das hat bei vielen Denkern und Institutionen zur Entwicklung einer *Multiperspektivität* geführt, die einen lebendigen, wenn auch nicht immer fruchtbaren dialektischen Ideenaustausch zwischen den Denkrichtungen hervorgebracht hat. Daraus ergab sich auch die Tatsache, dass jede der beiden großen Denkrichtungen in der offiziellen Kulturszene eigene Vertreter bekommen hat, und keine zu einer Hegemonie gekommen ist, die die andere vernichten hätte können.

So konnte (und durfte) die italienische Philosophie in der Nachkriegszeit gleichzeitig und im Grunde gleichberechtigt anarchisch, existentialistisch, marxistisch, neoscholastisch, klassisch idealistisch, agnostisch, kybernetisch, skeptisch, aristotelisch, platonisch und konservativ-revolutionär gestimmt sein. Auch deswegen war und ist es unmöglich, eine Charakterisierung von „Italienertum" in der italienischen Philosophie zu finden, die anerkannt wäre. Italiens Philosophen haben auf ihren vielfältigen Wegen mit typisch italienischem Individualismus gedacht, und jeder hat aus seiner jeweiligen Perspektive eine Welt geschaffen.

VI

Betrachtet man daher das Panorama der italienischen Nachkriegsphilosophie von außen, mutet es wie ein Kaleidoskop von Stimmen und Visionen an, in dem sich alle mögliche Polaritäten (*pensiero forte* versus *pensiero debole*, rabiater Materialismus versus orthodoxester Idealismus) begegnen. Ausgehend von dieser Perspektive könnten wir Italiens Philosophie der Nachkriegszeit provokativ als bereits im Kern proleptisch postmodern betrachten. Nicht zufällig ist die postmoderne „offizielle" Kultur Italiens letztendlich die einzige in der Geschichte des Landes, die, mehr

oder weniger bewusst, wirklich jeder philosophischen und ethischen Position mindestens ein Mitspracherecht anerkannt hat.
Paradoxerweise hat sich dabei die Präsenz der Kirche als verdienstvoll erwiesen. Denn gerade sie hat einen Beitrag dazu geleistet, dass die italienische Kultur der Postmoderne positiv geblieben ist. Andere europäische Kulturen haben den positiven Geist der Postmoderne dadurch beinträchtigt, dass sie die philosophische Vielfalt zu einer eher einseitigen, manchmal sogar faktisch *geschlossenen* skeptisch-subjektivistischen Weltanschauung enwickelt haben. Dagegen wurde nicht zuletzt wegen der starken kulturellen Präsenz der Kirche in Italien die Rolle idealistisch orientierter Positionen in der „offiziellen" Kultur bewahrt. Wird die italienische Kultur diese Eigenheit zur Quelle einer integrativen, post-postmodernen Ethik weiterentwickeln können?

VII

Die Frage ist komplex, aber nicht aussichtlos. Könnte nicht gerade die italienische Philosophie durch einen Akt der *schöpferischen Imagination* eine dialektisch-synthetische Einheit von postmodernem, empfindungsgetragenem Individualismus (Pol des Subjekts) und geistrealistischer, vom bewussten Denken durchdrungener Erfahrung des Logos (Pol des Objekts) hervorbringen? So wie der Funke des modernen Platonismus in Italien angezündet wurde: Könnte das Feuer eines post-postmodernen Platonismus nicht vielleicht gerade aus Italien neu erstrahlen?

Wie die Platoniker des *Rinascimento* die Vielfalt der geistigen Traditionen zur dialektischen Einheit einer auf den Menschen zentrierten Philosophie zu integrieren wussten, so könnte das heutige postmoderne Italien zur Wiedergeburt einer Philosophie beitragen, die die vielfältige Selbst*empfindung* des postmodernen Subjekts mit dem vom reinen Denken getragenen Selbst*bewusstsein* des freien Ich zu verbinden weiß. Es wäre das Kunstwerk eines Denkens, das sich, von der Liebe zum Schönen getragen, frei und individuell zum Handeln nach dem Guten erhebt.

VIII

Doch wäre die Beschäftigung mit der platonischen Ethik- und Moraltradition heute nicht mehr nur ein verschimmeltes Überbleibsel eines nicht mehr aktuellen Bildungsideals?

Nicht notgedrungen. Verzweifelten Platonforschern, die an immer tieferen Identitätskrisen leiden, scheint nun sogar unerwartete Hilfe von unerwarteter Seite zu erwachsen. Theoretiker des „Cyberdenkens" übernehmen deutlich platonische Vorstellungen und Motive, um auf die Ziele der „Cyberkultur" hinzuweisen. Sie sehen in den Möglichkeiten technologischer Prothetik durch den Computer eine revolutionäre Vereinigung von Ontologie und Metaphysik, deren Urvorfahre durchaus explizit mit Platon identifiziert wird. So spricht man von *Platon im Cyberspace*; und schon vor einiger Zeit hat ein Haupttheoretiker der „Cybererotik" folgendes dargestellt:

> „Die Cybererotik stammt letztlich aus einer ontologischen Bewegung, die vor langer Zeit durch Platon angeregt wurde. Die platonische Metaphysik hilft dabei, die Verbindung zwischen Eros und computerisierten Entitäten zu klären... Eros erscheint hier als Drang, unser endliches Sein zu erweitern, etwas unseres physischen Selbst ins Jenseits unser sterblichen Existenz zu verlängern... Eros inspiriert Menschen dazu, unser fleischliches Selbst zu transzendieren, indem unsere Aufmerksamkeit auf das gerichtet wird, was das Denken anzieht."[1]

Im Sinn der Cybererotiker ist das die Benutzung des Computers zur Herstellung und Pflege „abstrakter" menschlicher Beziehungen; und eben die Abstraktion wird dabei als „platonisch-ideell", weil „jenseits des Fleisches" propagiert. Manche „Cybererotiker" träumen auch bereits davon, in eine Identität als „Avatar" im Internet überzugehen und sich damit von einem sterblichen Menschen in ein dem Traum nach unsterbliches „intelligentes Programm" zu verwandeln.[2]

IX

Der Mensch scheint also den alten Traum der Selbsttranszendierung heute durch einen „Cyberplatonismus" verwirklichen zu können. Er hat sich zum Schöpfer eines Cyberkosmos gemacht; und er meint, er habe damit die Barriere des *fleischlichen* Lebens gesprengt. Eine neue Form der platonischen Liebe treibt ihn angeblich an, das eigene endliche Dasein auszudehnen und sich auf jene Aspekte zu konzentrieren, die seine Intelligenz, nicht mehr seinen Körper, anziehen.

Mit anderen Worten: Der postmoderne Mensch bildet sich zum Demiurgen eines posthumanen Raums, in dem er, mit Hilfe „begabter" Maschinen, möglicherweise zu einer unsterblichen kybernetischen Entität werden kann. Ab jetzt scheint die

---

1   M. Heim: *The Metaphysics of Virtual Reality*, New York-Oxford 1993.
2   R. Benedikter, K. Siepmann and A. Macintosh: *The Age of Transhumanist Politics Has Begun. Will It Change Traditional Concepts of Left and Right?* In: Institute for Ethics and Emerging Technologies, April 27, 2015, http://ieet.org/index.php/IEET/more/benedikter20150427.

Substanz seiner Erlösung darin zu bestehen, dass er das Gedächtnis der eigenen Identität in einer unbegrenzten Reihe von Kopien des eigenen Selbst speichern und variieren kann.

Endlich scheint damit *Heideggers rettender Gott* wirklich unter uns! War der moderne Mensch ein *antiquiertes Wesen*, so scheint der posthumane Mensch auf dem besten Weg, sich vom Rang einer zerbrechlichen Kreatur zur Stufe eines gottähnlichen Selbst-Schöpfers zu erheben. Dadurch hat er sich, so scheint es ihm, zum eigenen rettenden Gott gemacht – und er ist jetzt bereit, den Sprung in einen posthumanen Äon zu vollbringen. Die Angleichung an Gott, Ziel der platonischen Philosophie und jedes mystischen Strebens, scheint somit konkret erreichbar.

X

Platoniker aller Welt, vereint euch also im Jubel! Denn wir brauchen keine Philosophie mehr, keine Liebe zur Weisheit. Wir besitzen jetzt offenbar ein technisches Wissen, das uns – im beginnenden Zeitalter des „Transhumanismus" – ins Jenseits des Menschlichen führt. Wir sind zum Wissen der Götter gelangt, das jede Form von Kultur und Bildung zum Überbleibsel einer traurigen Vergangenheit macht. Denn der Mensch scheint jetzt endgültig *gebildet*: Sein Cyberleben wird das glückliche Ende seiner Evolution verkörpern. Der Mensch wird sich, so die Hoffnung, vom *Menschlichen* endgültig befreien und im Paradies permanenter, rein geistiger Erregung schweben. Keine Moral, keine Ethik, keine Kunst, keine Dichtung wird mehr gebraucht; denn es wird weder Körper noch Geist mehr geben, sondern nur ein „Cyberselbst", das als Aggregat von Reaktionen auf Stimulierungen fortbestehen wird. Dieses posthumane Selbst wird sogar keine Freiheit mehr brauchen; denn wozu die Mühe, frei sein zu müssen, wenn die Substanz des Lebens aus dem Zusammenfallen von permanentem Bedürfnis mit permanenter Befriedigung bestehen wird?

XI

Wenn es Leser gibt, die dieses Szenario als wünschenswerte Option betrachten, dann möchte ich die Frage stellen: Nach der Wahrheit, nach der Ethik, nach der Kultur hat der postmoderne Mensch nun also auch den Menschen abgehakt? Ist dieser Mensch so verzweifelt, dass er die eigene Identitätssuche einer maschinell bestimmten Cybertranszendenz ausliefern will?

Hier erweist sich ein Paradoxon: Das Streben nach Transzendenz scheint bei aller Säkularisierung eine wesentliche Dimension der Postmoderne zu sein. Wenn es eine postmoderne Ethik gibt, dann darf ihre Substanz mit einem *postethischen Üben des Selbsttranszendierens* identifiziert werden. Postmodernes Denken will, bewusst oder unbewusst, das Jenseitige, das Abwesende erreichen, dem das Tätig- beziehungsweise Lebendigsein des Denkenden entspringt. Deswegen setzt es sich selbst permanent in eine Bewegung, die jede Form, jedes Feste, jedes Starre dekonstruiert. Das Ziel der Bewegung wird aber dem Subjekt der Bewegung nie immanent, denn das Subjekt spricht sich selbst und dem eigenen Handeln „dekonstruktiv" die Möglichkeit ab, ein letztes Ziel zu erreichen. Das postmoderne Individuum findet daher keinen Ort, weder in noch außer sich selbst, wo Subjektives und Objektives die Einheit eines realen Ichbewusstseins bilden können. Es will auch keinen solchen Ort finden, denn jede Form der Objektivität empfindet es als Gefängnis für die eigene Vitalität.

Dadurch entsteht aber eine unlösbare Aporie. Das Subjekt selbst wird nämlich durch die eigene konstante Bewegung *entsubjektiviert*: Indem es, sowohl innen wie außen, keine Form der Objektivität annehmen will, verliert es auch jedes Verhältnis zur eigenen autonomen Identität und dekonstruiert mithin das eigene Ich. Denn die Substanz des Ich bildet sich unmittelbar im subjektschaffenden Substrat der Selbstobjektivierung, durch die das Ich das Selbstbewusstsein erreicht.

XII

Doch der postmoderne Mensch will mit radikaler Konsequenz jede Objektivität abschaffen, zerstäuben, vernichten, um die eigene Subjektivität „absolut", nämlich als reines Ereignis, zu behaupten. Diese absolute Selbstaffirmation erweist sich aber paradoxerweise als Selbstnegation, als eine „schlechte" Selbstvergöttlichung, die letztendlich das Subjekt zu einem sich selbst auffressenden Moloch verwandelt. Der postmoderne Mensch verabsolutiert das Subjektive bis zum Punkt, dass er sogar die Objektivität des eigenen Ich als abzuschaffende künstliche Konstruktion demontieren will. Damit reißt er jedoch in diesem Ich einen unüberbrückbaren Abgrund auf. Das postmoderne Ich wird in eine radikale, künstliche Dualität von Subjektivem und Objektivem gespalten, die die subjektiv-objektive Einheit seiner Substanz zerstört.

XIII

Im postmodernen Denken wird damit der Fehler jedes einseitig subjektiven Idealismus bis in die extremsten Konsequenzen weitergeführt. Dies, indem geleugnet wird, dass Ichbewusstsein ein Subjekt impliziert, „das unmittelbar sich selbst als Objekt hat" und somit „notwendigerweise seine Prädikate in sich selbst enthält".[3] Der postmoderne Mensch verabsolutiert stattdessen die Trennung zwischen dem Ich und seinen Prädikaten dadurch, dass er jedes Prädikat des Ich, einschließlich das Prädikat „selbstbewusst", als Konstruktion entblößen will. Letztlich wird aber damit das Subjekt selbst weggewischt: Es wird nämlich zu einem *Nichts*, das sich schizophren als das absolute *Diesseits* einer ebenso künstlich konstruierten absoluten Transzendenz erweist. Daher auch die Insistenz des Drangs dieses Nichts in den Cyberspace.

XIV

Aber weil irgendetwas im postmodernen Subjekt trotz allem jenseits der Konstruktion leben will, *konstruiert* es sich selbst eine absolute Transzendenz, von der seine Identität zersplittert wird. Das Individuum, das Unteilbare, wird ins Unendliche dividiert und zertrümmert, weil es in der Polarität von Leben und Form den Pol des Lebens verabsolutiert. Das Subjekt zeigt sich unfähig, aus sich selbst das schöpferische, subjektiv-objektiv einheitliche Dritte zu bilden, das im Ich die zwei Pole zu einer gleichzeitig dialektischen und untrennbaren Einheit zusammenbindet. Das postmoderne Individuum hat sich dem Pol des formlosen, letztlich ichlosen Lebens preisgegeben und wird vom Wirbel seiner chaotischen Bewegung verschlungen. Zerdrückt von einer konstruierten Transzendenz, schwingt seine Identität zwischen Implosion und Explosion. Gerade die illusionäre Freiheit von jeder Passivität hat den postmodernen Menschen ins Reich der Passivität gebannt. Denn wie kann ein Subjekt aktiv sein, wenn es das Substrat jedes Aktivseins: das „Ich" nur als Überbleibsel eines naiven Idealismus betrachtet? So darf es nicht überraschen, wenn ein solches Subjekt jeden Wert, jede Form der Ethik von der Passivität der Cybermystik absorbieren und assimilieren lässt.

XV

Das maschinelle, posthumane Leben, das die Verfechter der Cyberrevolution anstreben, verkörpert die Urpassivität, in der es nur um die künstliche Konservierung des Gleichen geht. Das postmoderne Subjekt erstarrt vor einer scheinbar absoluten Lebendigkeit, die es selbst konstruiert hat; es erkennt, dass es von ihr

---

3 E. Heck und G. Schickler: *Göttliche Unterweisungen in Kurzform*, München 2001, S. 40.

verschlungen wird und will sich deswegen in die vernichtende Verborgenheit des Cyberkosmos verflüchtigen. Dort darf das posthumane Cyberwesen die Seligkeit der maschinellen Vervielfältigung des Gleichen genießen. Somit schließt sich der Kreis: Das Lechzen nach formlosem Leben führt zum trostlosen Erstarren in der mechanischen *Form* des Gleichen. Der einseitige, formlose Vitalismus führt zum Kultus eines toten, unterbiologischen Lebens. Der postmoderne Mensch will jeden Gott dekonstruieren und fällt dadurch in die Arme einer Cybergottheit; er will die Transzendenz des Objektiven vernichten und konstruiert sich deshalb die ödeste subjektlose Transzendenz. Gefangen im Rausch einer unternatürlichen Ekstase zerfasert sich sein Ich genießerisch und lässt sich von der Leere aufnehmen.

XVI

Und doch gilt eines weiter. Die Freiheit ist das Transzendente, das auch noch der postmoderne Mensch in jeder Dimension seiner Kultur verzweifelt angestrebt hat. Er hat aber Freiheit einseitig als „Befreiung von allem" gefasst und dadurch eine Krise der Ethik hervorgebracht. Kann sich irgendeine Form schöpferischer Ethik in einer Welt bilden, wo jedes Individuum zu einem hypertrophen und gleichzeitig zersplitterten Subjekt wird? Kann ein Subjekt überhaupt als ethikstiftend wirken, wenn es kein objektives Verhältnis sowohl zu sich selbst wie zu den anderen Subjekten hervorbringen will – wenn es unfähig ist, sich selbst und somit die eigene Welt als wirkliche Welt zu begründen?

Natürlich können wir weiterhin als Substanz einer möglichen postmodernen Ethik die narzisstische, atomisierende Selbstbehauptung des subjektiven Triebs heranziehen. Im Grunde ist es die gleiche Welt, in der die Nachricht eines Anschlags unmittelbar von einer Sportmeldung gefolgt wird; eine Welt, in der die Konstruktion einer posthumanen Cybergesellschaft als genauso menschenfreundlich gepriesen wird wie die selbstlose Hilfe in einem Elendsviertel.

XVII

Tatsächlich sind viele postmoderne Menschen aber müde von einer solchen Welt. Ermüdet vom extremen Subjektivismus, wollen sie jetzt insgeheim sowohl sich selbst wie die Gesellschaft am liebsten einer objektiven Instanz unterordnen, in die sie zusammen mit der Welt verschwinden – der Cyberwelt. In der vielgepriesenen Renaissance des Religiösen suchen die meisten nicht die Mühe einer, wenn auch von einer Kirche vermittelten, individualisierenden Beziehung zum Geistigen, sondern die berauschende Sicherheit des Geborgenseins, das kollektive Schwärmen für eine festumrissene Konstellation mehr oder weniger starker Werte, die dem Suchenden die eigene geistige Mühe ersparen. Vor vielen Manifestationen postmoderner Religiösität möchte man sich fragen: Geht es hier im Grunde nicht um dasselbe Posthumane, aus dem sich der Traum der Cyberplatoniker zusammensetzt? Geht es nicht letztendlich um die Absorption des verängstigten Subjekts in den abgründigen Schoß reiner Objektivität?

Der Kreis schließt sich doch wieder: Auf der Suche nach einem einseitig verstandenen Subjektiven wird das postmoderne Subjekt von einem absoluten Objekt verschlungen. Der Cybergott und die strahlenden Götter vieler esoterischer oder exoterischer Himmel geben sich nur allzu oft die Hand. Und ihre Hände bilden eine Kette, die den Menschen als freies Wesen eher ersticken als fördern. Es ist nur ein scheinbarer Widerspruch, dass Cyberrevolution und religiöser Fundamentalismus heute zugleich auftreten.

XVIII

Italiens Kulturgeschichte der letzten Jahrzehnte spiegelt paradigmatisch diese titanische Selbstauflösung des postmodernen Subjekts wider. Die in ihren Wurzeln unpolitische, wenn nicht antipolitische Jugendbewegung von 1977 wollte jede Form der Transzendenz radikal dekonstruieren, indem sie nicht nur der schon vorher wackelnden Instanz der Kirche, sondern auch der „Kirche" der Kommunistischen Partei die Autorität absprach. Die Jugend von 1977 (auf geniale Weise in *Enrico Palandris Boccalone* archetypisch inszeniert) wollte auf keinem Boden mehr fußen, sondern im sanften, halbhalluzinativen, jedoch als kreativ empfundenen Rausch einer minimalistischen, narkotisierenden Alltäglichkeit schweben. In einer von subjektiven Imaginationen durchtränkten Welt wollte jeder jeden mehr oder weniger schmelzhaft-süßlich permanent liebkosen; jeder wollte das eigene Ich, ungestört von der Frage nach objektivem Sinn, zu einem bunten Konglomerat unendlicher, mehr oder weniger angenehmer subjektiver Reize verwandeln.

In diesem ihrem grundlegenden Zug zu diesseitiger Selbstvergöttlichung erweist sich die damalige Generation bis heute als explosiver, gigantischer Versuch der Angleichung an einen (paradoxerweise) weltbezogenen epikureischen Gott, als eine rein subjektive, radikale, jede Möglichkeit des bisherigen Menschlichen transzendieren wollende Hinwendung zur Welt, die notwendigerweise mit der extremsten Weltabwendung zusammenfallen musste. Konnte es überraschen, dass die 1977er-Stimmung schon 1978 umkippte und in eine (sicher nicht nur durch die Medien künstlich erzeugte) Stimmung von *riflusso* (Rückfluss) umschlug?

Die Hypertrophie des Subjekts, die keinen Sinn stiften, ja nicht einmal finden wollte, die die Rebellion um der Rebellion willen übte und die Welt am liebsten mit dem Winken eines Zauberstabs in ein Schlaraffenland verwandelt hätte, konnte nur relativ schnell wie eine riesige Blase ins Nichts platzen. Und siehe da, mit einem Mal wurden die Rebellen konform. Das plötzlich und blitzartig implodierte selbstvergöttlichte Individuum träumte jetzt nur noch von der ewigen Wiederkehr des gleichen Gewohnheitsmäßigen.

XIX

Die *riflusso*-Stimmung hält im Grunde noch heute an – dem ephemeren 1989er-Rausch, der in Italien besonders bewegten Umbruchepoche der 1990er und den wachsenden zivilgesellschaftlichen Bewegungen der letzten Jahre zum Trotz. Übermüdet vom richtungslosen Streben nach einer konstruierten Transzendenz des Subjektiven bleibt der postmoderne Bürger erstarrt vor den Instanzen, die er bis vor kurzer Zeit so eifrig vernichten wollte. Mehr als in anderen westlichen Ländern hat sich demzufolge in Italien eine (in sich eher abgründige) Sehnsucht nach einer Ethik der kleinen, alltäglichen Sicherheiten verbreitet, die krampfhaft nach der Konstruktion einer minimalistischen Kleintranszendenz strebt: Ein glänzender Fußboden, für den man, auch unter Jüngeren, das ganze Wochenende hingebungsvoll opfert; schöne Möbelstücke; ab und zu ein Urlaub.

Mithin hat sich eine Ethik der Delegierung durchgesetzt, die jetzt nur nach Instanzen sucht, denen möglichst jede Sphäre des Lebens, jede Entscheidung bezüglich der Identität des Individuums anvertraut werden kann. Solchen Instanzen (Familie, starke Männer in der Politik, Kirche, Wissenschaft) wird jeder Raum gelassen, solange sie die proto-sakralen, allzu menschlichen Sicherheiten des Alltags nicht spürbar antasten. Auch dadurch lässt sich das immer wieder beeindruckende Prestige erklären, das die katholische Kirche in den letzten Jahren wiedergewonnen hat. Auf Glaubensfreiheit verzichten viele der heutigen devoten Atheisten gerne, solange die kleinen Freiheiten eines allzumenschlichen Alltags unangetastet bleiben, die für das übermüdete, ins Nichts verblassende postmoderne Individuum die letzte Erfahrung eines Essentiellen darstellen. Wichtig ist nur, dass der letzte Funke eines selbstvergöttlichten Subjekts in seinem Kämmerchen ungestört die Intimität der scheinbaren Freiheit eines Cybermenschen genießen darf – die Freiheit, die uns von allem befreit, sogar von der Freiheit.

XX

Was bedeutet das? *Ist ein Ethikbegriff noch möglich, der einer nicht-illusionären Freiheit des Menschen gerecht werden kann? Ist überhaupt noch eine Form von Ethik möglich, wenn wir unfähig werden, freie Taten im Hier und Jetzt zu vollbringen?* Die Inkonsequenz des postmodernen Subjekts besteht darin, die Grenzen seiner Identität mit den Grenzen materieller Körperlichkeit identifizieren zu wollen. Das postmoderne Denken erstrebt die absolute Freiheit des Subjekts; gleichzeitig bleibt es aber in einer lähmenden Angst vor dem Tod befangen. Sein Traum ist das nachtodliche Fortbestehen auch nur eines Teils seines physischen Selbst. Um dieses Selbst zu retten, ist das postmoderne Subjekt offenbar dazu bereit, von Maschinen abhängig zu werden.

Das heißt umgekehrt: Freiheit bleibt nur solange unangetastet, solange die Grenzen der Körperlichkeit unangetastet bleiben. Wird das Bestehen des Körpers bedroht, dann wird die Freiheit sogleich preisgegeben, um das Fortbestehen des Körperlichen zu sichern. Das zeigt uns etwa auch die panische Sicherheits- und Versicherungskultur, die unsere Gesellschaft zur Gleichschaltung führt.

XXI

Mit anderen Worten: Der postmoderne Mensch will keine Freiheit üben, wo das Fortbestehen seines ans Physische gebundenen Selbst nicht bewiesen ist. So bleibt sein Denken in seinem Streben nach Freiheit ans Kriterium der Beweisbarkeit gefesselt; seine Freiheit wird einem Beweis subordiniert, der das Fortbestehen des Selbst *versichert.* Im Grunde ist der postmoderne Mensch dabei unfrei – und will unfrei bleiben. Denn er braucht den Zwang des Beweises, um Freiheit zu üben. Er will seine Freiheit von Außen bekommen und bleibt somit im Reich der Notwendigkeit gefangen.

XXII

Und der postmoderne Mensch bleibt, trotz allem Anschein des Gegenteils, bei alledem ein einseitiger Analytiker, der nur reflektiert, argumentiert, Diskursebenen konstruiert und dekonstruiert, aber nie jenseits der Sprachebene, jenseits der Notwendigkeit von Natur und Logik leben kann, noch will. Das *schöpferische Spiel*, das zu einer schöpferischen Imagination führt, kennt er in seinem Alltag kaum. Als solcher bleibt er unfähig, etwas wirklich Neues zu schaffen. Er ahnt die unsagbare Differenz, hinter der sich ein „anderes" Sein verbirgt; gleichzeitig schafft er es aber nicht, das *Unsagbare zu tun*. Der postmoderne Mensch beschränkt sich auf das Aussagbare beziehungsweise Denkbare – und beweist damit, dass er die Grenzen der Körperlichkeit nicht überwinden will oder kann. Sein Denken ist auf die Analyse des Gegebenen konzentriert und schafft daher nur selten den Sprung ins Schöpferische.

Freiheit, die nicht nur die Freiheit des Cyberspace ist, kann aber nie mit einem Gegebenen identifiziert werden. Denn sie bewohnt den Bereich der Urdifferenz, aus der jede Seinsform sich konstituiert. Dieser Bereich kann nie durch ein analytisches Verfahren erreicht werden, denn jede Analyse ist notwendigerweise von einem vorgegebenen Objekt bestimmt. *Freiheit aber ist kein Objekt, das außerhalb der synthetischen, objektiv-subjektiven Einheit des Ich läge: Sie ist „überseiende", seinsschaffende Realität, der eine Möglichkeit nur durch ein aus dem Nichts der Voraussetzungslosigkeit sprießendes Handeln gegeben werden kann.*

XXIII

Warum?

Freiheit kann nur im Nichts der individuellen, von Liebe getragenen Intuition des Guten erlebt werden, die das Subjekt zu einem schöpferischen Wesen macht.

Diese Intuition, nicht Vorstellungen der Abstraktion wie jene der Cyberplatoniker, bildete die Substanz von *Platons* Philosophie. *Liebe* bestand für Platon nicht im Streben nach Fortbestehen des physischen Selbst, wie mancher Theoretiker der Cybererotik meint. Liebe ist in der platonischen Philosophie die Kraft, die den individuellen Geist zur Intuition des überseienden, ethisches Handeln stiftenden Guten-Schönen führt (*Gastmahl* 211d8-212a7). Das jenseits jeder Seinsform liegende Gute ist für *Platon* Urgrund jeder Seinsform (*Staat* VI 509b6-10) und gleichzeitig Urquelle jeder seinsschaffenden beziehungsweise schöpferischen Aktivität. Nur das Individuum, das sich mit diesem überfließenden, überseienden Nichts verbindet, ist für *Platon* wahrhaft frei. Sein Leben und Handeln sind nämlich von keiner vorgegebenen Form vorbestimmt; gleichzeitig verschwinden sie nicht in ein formloses, seinsleeres Nichts, denn durch ihre Verbindung zum Guten werden sie unmittelbar zu welt- und wertschaffenden Instanzen. In einem *solchen* Welt- und Wertschaffen, nicht in der Cyberun(ter)sterblichkeit des posthumanen Denkens, besteht die platonische „Angleichung an Gott"!

XXIV

Hat *Platons* Philosophie also solcherart vielleicht eine post-postmoderne, paradoxal unaktuelle Aktualität, die nichts mit den Zerrbildern der Cyberplatoniker zu tun hat? Und wenn *Platons* Ansatz gar der einzige wäre, der einerseits der verwirrenden Vielfalt des postmodernen Subjekts, andererseits der Aufgabe gewachsen wäre, eine zeitgemäße, weil transzendent-*immanente* Begründung von Ethik hervorzubringen?

Was wir wissen ist: Platons Philosophie verabsolutiert weder das Eine noch die Vielen, weder das Obiekt noch das Subjekt; sie lässt die Polaritäten des Seins untereinander spielen, ohne dass sie sich gegenseitig vernichtend *dekonstruieren*.

Letztendlich ist das Prinzip aller Dinge für Platon sowohl Einheits- wie Vielfaltsprinzip, so dass die Autonomie der Prinzipiaten (der Vielen) protologisch begründet wird. Die Autonomie des seienden Einzelnen ist darin begründet, dass das absolute Eine mit dem Guten identifiziert wird und mithin *in sich selbst* die Selbstnegation beinhaltet, die es zur unmittelbaren Selbstoffenbarung durch ein Anderes beziehungsweise zum *Gutsein* führt.

Das platonische Prinzip erweist sich folglich als eines, das die subjektiv-objektive Einheit des Ich archetypisch vorwegnimmt. Die *freie Tat*, das Ich-getragene Handeln, Fundament jeder menschenwürdigen Ethik, ist somit im Guten des Einen qua Prinzip aller Dinge verankert.

XXV

Aus einer wahrhaft platonischen Perspektive wird der Mensch daher göttlich nicht, indem er sich entweder in das Göttliche verliert oder als hypertrophes Subjekt die Welt verschlingt. Sondern indem er sich zum freien Schöpfer des eigenen Verhältnisses zum überseienden Grund jeder Seinsform erhebt.

In der *individuell-intuitiven Erfahrung* des höchsten Guten besteht die höchste Freiheit: Als Prinzip, das jenseits jeder Seinsform liegt (*Staat* VI, 509b5-10), birgt das Eine-Gute in sich die absolute Offenheit dem Anderen gegenüber. So findet das Individuum im platonischen Guten kein tyrannisches *Vor-Bild* der eigenen Moral beziehungsweise irgendeiner vorgeschriebenen Ethik, sondern die Ursubstanz jedes wahrhaft schöpferischen, das heißt *freien* Denkens und Handelns. Allein ein individuell-intuitives Verhältnis zur überseienden Ursubstanz kann ein Handeln hervorbringen, das andere Wesen an einer wahrhaften Selbstverwirklichung nicht hindert.

Ein aus dem überseienden Guten hervorsprießendes Handeln wirkt nämlich unmittelbar als *kosmos*- beziehungsweise *gemeinschaftschaffend*, weil der Handelnde die eigene Tat ins Verhältnis zur Wurzel aller Wesen einordnet. Deswegen transzendiert das Individuum in der Begründung seines Verhältnisses zu Anderen jede Form von Gesetz, wenn es die freie Tat der intuitiven Einigung mit dem Guten vollbringt, das heißt: Wenn es wahrhaft *weise* beziehungsweise *frei* wird (vgl. *Staatsmann* 294a7-8). In dieser ethikstiftenden Freiheit von jeder Instanz, die das Individuum in seiner gottmenschlichen Wahrheit antastet, bildet sich das wahre Gottmenschentum, das den Menschen zum Schöpfer seiner individuellen Moral und einer gerechten Ethik erhebt.

XXVI

Es ist also richtig: *Der Mensch kann sich nur durch Selbstranszendierung beziehungsweise Selbstvergöttlichung verwirklichen.*

Die platonische Selbstvergöttlichung darf aber nicht mit dem voreingenommenen Anomismus der Cyberplatoniker verwechselt werden, dessen Substanz von einem metaphysisch klingenden Skeptizismus gebildet wird. Nur die *urmenschliche* Selbsttranszendierung des *Menschlichen* kann das Individuum aus dem schöpferischen Nichts der reinen Intuition vom überseienden Guten durch die urfreie Liebe zur Tat der Selbsterkenntnis verwirklichen. Die voraussetzungslose, von keinem Beweis bewegte Liebe zu dieser höchsten *menschlichen* Tat ist die subjektiv-objektive Realität, aus der allein Freiheit beziehungsweise menschenwürdige Ethik begründet werden kann. Dies ist der wahrhaft platonische *Eros*, der das Körperliche *nach oben* überwinden kann und den Menschen „göttlich" macht, weil er das Individuum zur Quelle jeder wahrhaft moralischen Tat emporhebt (*Gastmahl* 211d8-212a7). Der Cybereros der Cyberplatoniker dagegen überwindet das Physische ebenfalls... jedoch *nach unten*, und schenkt uns das Reich einer *onanistischen Untersterblichkeit*. Handelt es sich dabei vielleicht gerade um einen *umgekehrten Platonismus*?

XXVII

Selbstverständlich sind wir rückständige, spießige und prüde Platonfreunde der Post-Postmoderne nicht so naiv, dass wir Platons Philosophie unserer so vollkommen aufgeklärten Gesellschaft unkritisch aufpfropfen möchten. Platons philosophischen Ansatz wollen wir dem selbstvergöttlichten Subjekt der Post-Postmoderne eher zum Spaß vorschlagen... zur Provokation der Provokation... Von Platon ausgehend wollen wir provozierend fragen: Ist das von der Postmoderne so tief ersehnte *Jenseits von Gut und Böse* vielleicht nicht nur die intuitive Erfahrung der überseienden

Ursubstanz jeder *guten* Tat? Oder ist es vielleicht in Wirklichkeit ein *Diesseits von Gut und Böse*, die unser Ich statt zu einem freien Subjekt zum Sklaven einer alles vernichtenden Unternatur verwandelt?

Platonisch betrachtet ist die Postmoderne in dieselbe Einseitigkeit geraten, die in der achten Deduktion von *Platons Parmenides* dargestellt wird (165e2-166c5): Wenn nur die Vielen existieren, und nicht das Eine, dann existiert das Nichts. Mit anderen Worten: Wenn es nur unendlich viele atomisierte, hypertrophe Subjektivitäten gibt, ohne irgendein verbindendes Verhältnis untereinander, dann entsteht Auflösung. Gewiss war der Mensch vor der Postmoderne (und vor der Moderne noch mehr) zu oft in die Einseitigkeit der ersten Deduktion des *Parmenides* (137c4-142a8) geraten: Wenn das Eine nur das Eine ist, ohne Bezug zum Sein, dann kann das Eine keinen Bezug zu einem Anderen entwickeln (und das wird platonisch für unmöglich gehalten). Mit anderen Worten: Wenn das Prinzip der Dinge als nur transzendent betrachtet wird, dann verbirgt es sich in eine Objektivität, die jede auch minimale Entfaltung eines freien Subjekts im Vorhinein verhindert.

XXVIII

Platons Parmenides inszeniert auf eine nur scheinbar harmlose, rein *logische* Weise jedoch die Unmöglichkeit, dass das Eine und die Vielen (beziehungsweise das Objektive und das Subjektive) sich zueinander wie unversöhnliche Gegensätze verhalten. In seinen anderen Schriften und seiner Prinzipienphilosophie zeigt *Platon*, dass nur das überseiende Gute die Polaritäten Einheit-Vielheit beziehungsweise Objekt-Subjekt zu dialektischen beziehungsweise schöpferischen *Übereinheiten* verwandeln kann, aus denen ein *Kosmos* entstehen kann. In der Perspektive von *Platons Parmenides* wird das Gute (beziehungsweise die Identifizierung zwischen Einem und Guten) durchaus bewusst nicht einbezogen. Und aus dieser bewusst nicht explizit ethischen Perspektive zieht Parmenides am Ende des Dialogs den Schluss, dass alles und nichts auf alle und auf keine Weise ist und nicht ist (166c2-6)... ein schöner, genial postmoderner Schluss – ein Schluss, den viele Menschen mit Begeisterung als Begründung der eigenen absoluten Freiheit aufgefasst haben.

XXIX

Die karikaturartige Pervertierung der platonischen Philosophie, die uns die Cyberkultur einreden möchte, sollte nicht nur spießige Altphilologen besorgt stimmen. Denn sie ist symptomatisch für den radikalen Totalitätsanspruch eines bestimmten

Kulturprojekts. Es ist ein „transhumanistisches" Projekt, das unser Menschenbild umkehren will und deswegen zur eigenen Legitimation auf die platonische Philosophie rekurriert, die das Menschenbild unserer bisherigen Kultur am längsten und tiefsten geprägt hat.

Wir Erben der Postmoderne wehren uns bislang wenig dagegen. Wir bemühen uns stattdessen um einen möglichst harmlosen, sanften Kulturbegriff, der niemanden stören sollte und jeden subjektiven Trieb zu einer Instanz der Kultur umwerten möchte. Und während wir mimosenhaften Skeptizismus und spöttische *Coolness* als Grundpfeiler unseres Menschenbildes betrachten, schleichen sich ins Herz unsrer Gesellschaft immer mehr offensive Zerrbilder der Transzendenz. Diese Bilder füllen die skeptische Leere der Postmoderne mit ihren Vorstellungen einer posthumanen Kultur, die jede Dimension des menschlichen Lebens technoid gleichschalten will.

XXX

Welche Transzendenz kann uns vor der Cyberseligkeit der posthumanen Gesellschaft retten? Bestimmt nicht die proskriptive Transzendenz der alten Götter, egal ob in esoterischer oder in exoterischer Soße. Vielmehr die Transzendenz, der wir im Erleben der Freiheit begegnen. Diese Transzendenz hat das postmoderne Denken mehr oder weniger bewusst angestrebt. Es hatte aber nicht den Mut, der Frage vom Sinn die Priorität über die Frage vom Sein zu geben. Trotz allem Streben nach Deontologisierung lebt der post-postmoderne Mensch noch innerhalb einer ontologischen Perspektive: Er sucht zuerst das Wissen beziehungsweise das Nicht-Wissen über das eigene Sein in der Welt, und erst danach will er handeln. Folglich bleibt er durch das eigene In-der-Welt-Sein vorherbestimmt, das seinem Leben einen Sinn schaffen soll. Dadurch wird er aber nicht fähig, reale Freiheit zu erleben. Denn Substanz der Freiheit ist die Urtat der absolut autonomen Sinngebung, die das Individuum unabhängig von jeder Bedingung seines konkreten Daseins vollzieht. Eine Freiheit, die bedingt bleibt, ist keine reale Freiheit, egal ob sie von den Experimenten der Gehirnforschung oder von den vermeintlichen Beweisen der Religion und der Philosophie abhängig gemacht wird.

XXXI

Experimente und Beweise zwingen die Freiheit auf die Ebene der Notwendigkeit. Dort besteht aber kein Raum für das *Nichts* der schöpferischen, sinnschaffenden Intuition, die uns zu den Urgründen von Denken und Handeln führt. Diese Intuition ist keine Illusion des Subjekts, sondern enthält die seins- und weltschaffende Substanz, die aus dem Menschen ein wirklich gottähnliches Wesen macht. Im Wagnis einer überseienden Sinngebung besteht die geistige Revolution, die wir vollbringen sollten, um der Postmoderne einen Sinn und der heutigen Krise der Ethik einen Ausweg zu geben. Die totalitären Kulturen, die das Ende der Moderne geprägt haben, haben uns wenn auch in negativer Gestalt gezeigt, wie Sinngebung Welt und Gesellschaft umschmelzen kann. Ja, die Moderne hat uns gezeigt, dass, um einen Gedanken von *Emmanuel Lévinas* wiederzugeben, der Sinn das Sein schafft – nicht umgekehrt. Die Postmoderne wurde gelähmt durch das Erschrecken vor einer verkehrten Sinngebung. Sie glaubte, eine menschenwürdige Ethik könne ohne eine starke Sinngebung entstehen. Wie negativ seinsschaffend die Abwesenheit von Sinngebung jedoch wirken kann, zeigt uns die Antischöpfung jenes Antikosmos, der von der posthumanen Cyberkultur erstrebt wird.

XXXII

Was bleibt?

Kein Gott *von außen* wird uns vor Cyberrealität und Cyborgisierung retten können, sondern nur die vom Menschen getragene *göttliche Tat* einer freien und seinsschaffenden Sinngebung. Eine Menschheit, die sich die Fähigkeit zu göttlichen Taten abspricht, die ihr Leben nur auf das Menschliche beschränken will, ist in der Tat ein antiquiertes Produkt, das nur in der Posthumanität des Cybermenschen ein angemessenes Schicksal finden kann. Es ist illusorisch, wenn wir ein solches Schicksal durch sanfte Ethikbegriffe, Szientismus oder rein analytisches Philosophieren vermeiden wollen. Wir befinden uns am Ende einer Welt und müssen von uns heraus die Offenbarung eines neuen Kosmos bewirken. Also brauchen wir eine Kultur des Endes und des Anfangs – eine Kultur, die gleichzeitig eschatologisch und apokalyptisch wirken kann. Nur das Wagnis des freien Ich-Erlebens kann uns eine solche Kultur eröffnen. Nur das freie Ich kann zur Schöpfungstat führen, die uns retten kann. Das freie Ich lässt sich aber nicht durch eine proskriptive Ethik erleben, die aus einer starren Metaphysik ihre schwächliche Substanz schöpft, sondern bildet sich *übermoralisch* im freien Streben nach der überseienden Ursubstanz jeder guten Tat. Aus jener Ursubstanz allein, nicht aus den Ausschweifungen eines verkehrten Vergottungsstrebens, können eine neue Ethik und eine freie Kultur entstehen.

XXXIII

„Mit dem freien, selbstbewussten Wesen tritt zugleich eine ganze Welt – aus dem Nichts hervor – die einzig wahre und gedenkbare *Schöpfung aus Nichts*." Das stand im *Ältesten Systemprogramm* des Deutschen Idealismus. War es nur der Traum eines Schwärmers? Hat Philosophie, und mit ihr die Möglichkeit einer menschenwürdigen Ethik, noch eine Zukunft?

Vielleicht ja, wenn unser Wahrheitsgefühl zum Kunstwerk einer menschlich-göttlichen Weltschöpfung wird. Dieses Kunstwerk, nicht die unmenschlichen Mythologien der Cyberplatoniker, bildet die Ethik jeder wahrhaft platonischen „Angleichung an Gott".

Nachwort.
Zwischen den drei Polen Emotion, Widerstand und Rationalisierung: Das heutige italienische Denken des Moralischen – und die Perspektiven

Roland Benedikter

> *Moralischer Zorn kommt nicht aus Ärger, sondern aus Liebe. Er kommt aus dem Höchsten in uns, nicht aus dem gewöhnlichen billigen Zynismus menschlicher Existenz. Wir Menschen müssen heute die richtigen Entscheidungen treffen, um zu überleben. In diesem Sinn ist moralischer Zorn heute ein angemessener, richtiger Zorn.*
> Marianne Williamson

> *Der Diskurs der heutigen Zeit ist seiner Natur nach widersprüchlich, und wir dürfen nichts vereinfachen. Leben wir nicht in einer Zeit des Profits, in der der Begriff der Moral unterzugehen scheint? Andererseits war es immer so, dass Menschen andere Menschen ausgebeutet haben. Welche Moral sollte das heute verhindern – im Zeitalter des globalisierten Geschäfts? Dass Politiker die Worte Moral oder Solidarität in den Mund nehmen, heißt, wie wir erfahren mussten, eher wenig. Was also veranlasst uns dazu, moralisch zu sein? Das ist die Frage. Finden wir auf sie keine Antwort, dann brauchen wir auch keine Ethik mehr. Ist die „Krisis"-, diese „Scheidungs"-Situation der Gegenwart ein Vorteil? Ist sie ein Verlust? Und was bedeutet das für die Welt des 21. Jahrhunderts? Das sollten wir uns fragen – in unserem eigenen Interesse.*
> Emanuele Severino

Italienische Moralphilosophie zeigt Eigenheiten. Diese Eigenheiten reichen über ihren durch die notorische Schwäche des italienischen Staates seit dessen Gründung 1861 begründeten *Kult des Zorns des Individuums gegen die Gemeinschaft*, aber auch über ihre zuweilen für deutschsprachiges Empfinden sehr lyrischen Formen hinaus. Italienische Moralphilosophie bewegt sich im Spannungsfeld zwischen Emotion, Widerstand und Rationalisierung: Zwischen römischer „Einordnung" (an Ganzheit interessierter Klassifizierung), „nördlicher" Nüchternheit (pragmatische Funktionalität), die sich damit verbindet, und „südlicher" Anarchie (zieloffener Verflüssigung), die auf den Komplex rationaler und pragmatischer Diskurse antwortet. Dazwischen gibt es einen Diskurs prinzipiellen Widerstands, der sich sowohl der Rationalisierung wie der Emotionalisierung versagt, aber zugleich Anteil an beiden hat und sich oft mit ihnen verbindet. Dieser dritte Diskurs versucht die auseinanderstrebenden Kräfte oft – wenn auch notgedrungen in ambivalent-widersprüchlicher Weise – zu synthetisieren. Die entsprechenden Versuche bleiben ebenso offen wie unentschlossen und dynamisch.

Das Wechselspiel zwischen diesen drei für Italien grundlegenden – und produktiven, wenn auch tagespolitisch nicht immer gleichberechtigt vorhandenen – Polen trägt dazu bei, dass im Innern der heutigen italienischen Moralphilosophie ein ständiger Kampf zwischen gefühlshaftem „Substantialismus", pragmatischer „Neutralisierung" und universalkritischer „Dekonstruktion" tobt: Zwischen Aufbau, Belassen und Abbau, zwischen Hervorbringung eines Grundes, Gehen mit dem Bestehenden und spielerischer Hinterfragung alles Existierenden. Diese Trinität macht die Originalität italienischen Moraldenkens aus. Darin spiegelt sich auch das Grundmotiv der gegenwärtigen italienischen politischen und sozialen Kultur.

I

Man kann die trinitarische Konstitution heutigen italienischen Moraldenkens an verschiedenen Aspekten festmachen. Zum einen ist Moralphilosophie in Italien traditionell ein stark formalisierter akademischer Sektor. Er wird vom römischen Ministerium für Universität und Forschung MIUR klassifiziert als M-FIL/03 oder 11/C3. Moralphilosophie ist, im Unterschied zu anderen Ländern Europas, in Italien ein dauerhaft und systematisch institutionalisiertes Fach innerhalb der gesamtuniversitären Ordnung, für das es nicht nur wie im deutschsprachigen Raum einzelne Lehrstühle gibt und in dem man promovieren und habilitieren kann, sondern das einen fest verankerten formalisierten Kernbestandteil der künstlerischen und moralischen Studien vom Menschen darstellt – und daher im Prinzip an jedem solchen Studienzweig schon aus Systemgründen vertreten sein muss.

Das hat einerseits in Italien zu einer Akademisierung des Denkens über Moral beigetragen, und damit auch zu einer Aufwertung und Intensivierung der Auseinandersetzung in Erziehungswesen und öffentlichem Raum, die angesichts der besonderen Rolle von „Gut" und „Böse" im Mutterland des Katholizismus wenig überraschen mag. Anderseits hat es aber auch zu einer Institutionalisierung geführt, die zum Teil stark konventionelle und bürokratische Züge annimmt. Das führt zu einer zuweilen überrationalisierten Mentalität der „Verwaltung von Moral", die nicht selten auch in den öffentlichen Diskursen spürbar ist. Institutionalisierung erzeugt auf der südlichen Halbinsel dreierlei: Stärkere öffentliche Präsenz von

Moraldiskursen als im restlichen Mitteleuropa, stärkere Schematisierung, und als Gegentendenz dazu zugleich stärkere Emotionalität, demonstrative Freiheitsgestik und „hartnäckige" Lyrizität seitens vieler Moralphilosophen aus Gründen des Widerstands und der Selbstbehauptung.

II

Moral und Institution verbinden sich aber nicht nur inhaltlich und sektorial, sondern quer durch das kulturelle Leben. So werden in Italien bis heute viele Hochschuleinrichtungen in der Tradition des unter anderem durch Benedetto Croce aus dem mitteleuropäischen Bereich eingeführten Neo-Idealismus per Gesetz als „moralische Einrichtungen" geführt – und tragen diesen Titel auch offiziell, wie zum Beispiel das von Croce begründete altehrwürdige *Istituto Italiano per gli studi storici* in Neapel, klassifiziert als *Ente morale* (D.C.P.S. 9.1.1947 n° 46). Es ist für die öffentliche italienische Konzeption von Moral charakteristisch, was darunter verstanden wird: Eine historistische Ausbildung, durch die eine moralische „Einbindung" der Jugend erfolgen soll.

> „Das Istituto Italiano per gli Studi Storici wurde gegründet… um jene menschlichen Ideale, Ziele und Werte zu definieren und aufzuweisen, die zu verstehen und deren Geschichte zu erzählen der Historiker aufgerufen ist."[1]

Es geht also um Ideale, Ziele und Werte, aber ausdrücklich nicht um eine Geschichte der Ethik.

Ähnlich ist die *Associazione Nazionale Partigiani d'Italia*, also die Vereinigung der ehemaligen Partisanen, die im zweiten Weltkrieg gegen den Faschismus und Nazi-Deutschland kämpften, ein *Ente morale* (D.L.N. 224) mit bürokratisch organisierten Komitees in den meisten Provinzen des Landes. Das verweist auf die Bandbreite der Formalisierung „moralischer Einrichtungen" des Landes zwischen den zwei politisch-sozialen Hauptkräften: dem Katholizismus beziehungsweise den Christlich-Konservativen und der Linken, die beide etwa gleiche Anteile an den „moralischen Institutionen" halten – mit allerdings teilweise unterschiedlichen Auffassungen, wenn es um die Umsetzung von Moral in Politik und Gesellschaft geht.

Diese Unterscheidung zwischen individuell erlebbaren moralischen Inhalten und gemeinschaftsorientierter, konventionsfähiger Ethik ist für das Verständnis

---

1 Istituto Italiano per gli Studi Storici: L'Istituto, http://www.iiss.it/page.php?xvs=IT&xop=0&xed=4400&xbk=&xpg=3.

des italienischen Moraldenkens wesentlich. Denn sie stellt sowohl die Grundlage der „klassischen" italienischen Bevorzugung von Moral gegenüber Ethik dar, wie sie den Effekt des jahrhundertelangen Wirkens der *Enti morali* ausmacht. Für das Gesamtverständnis wichtig ist, dass es in Italien ungeachtet der politischen Färbung nicht um „Enti etici", also „ethische Einrichtungen", sondern um „Enti morali", nämlich „moralische Einrichtungen" geht. Auch wenn es natürlich *codici etici* oder „ethische Regeln" für Unternehmen oder die Wissenschaft gibt, ist der Unterschied zwischen „etico" und „morale" gerade unter dem Gesichtspunkt der Trinität Emotion-Widerstand-Rationalisierung bedeutsam. Hier spiegelt sich der typische italienische Individualismus, der Aspekten des Gemeinschaftlichen, worin „Ethik" als soziale Übereinkunft liegt, misstraut und stattdessen weit eher auf die innere, „menschliche" Bildung des Individuums setzt. Das findet sich in der Bezeichnung der Institutionen wieder, was allerdings paradox ist, da diese ihrer gesellschaftlichen Funktion gemäss eher der ethischen: nämlich der gemeinschaftlichen denn der moralischen: der individuellen Sphäre zugehören.

III

An dieser Grundkonstellation, die seit der Gründung des italienischen Staates besteht und zum Teil aus ihr erwächst, hat sich über die Zeit im Grunde wenig verändert. In ihr liegt die Stärke und zugleich die Schwäche der Beziehung zeitgenössischen italienischen Moraldenkens zu einer praktisch vergemeinschaftbaren Ethik. Die Stärke liegt auf der Hand: ein starker Individualismus des Moralischen – verbunden mit einem hoch personalisierten „Moralaufkommen". Die italienische Hilfsbereitschaft des Einzelnen, oft artikuliert in kontextabhängiger Improvisationskunst, ist sprichwörtlich.

Aber auch die Schwäche ist nicht zu übersehen. Die Frage lautet: Muss ein derart stark moralisch individualisierter Humanismus, der ethische Gemeinschaftsabkommen instinktiv als eher zweitrangig einstuft, vor der nur aus Arbeitsteilung und Kooperation heraus möglichen (und denkbaren) Technikkultur und der von ihr in Richtung Transhumanismus und Cyborgisierung hervorgerufenen anthropologischen Revolution der Gegenwart nicht zwangsläufig kapitulieren – und also in Zukunft eher ein Randdasein führen, von den neuen technophilen Generationen belächelt?

Beiden, individualisierter Moral und funktionalistischer Technikkultur, tritt der „anarchische" freie Intellektuelle der Strasse des Südens, der zwei Sizilien gegenüber, der Lieder komponiert, singt und endlos debattiert – und sich dabei in seinem zornigen moralischen Impetus kein Blatt vor den Mund nimmt, vor allem sich selbst als Realität (und Korrektiv) gegen jede Ethik stilisiert (*Sgalambro*).

IV

Emotionaler Substantialismus, Pragmatismus und Rationalismus werden, obwohl verbunden durch das Widerstandsmotiv, innerhalb des italienischen Moraldenkens von den Fraktionen gegeneinander vertreten in einer Intensität und zum Teil Unerbittlichkeit, die zeitweise den Charakter von Glaubenskriegen annehmen kann und nicht zufällig den historischen Nachkriegsgegensatz zwischen idealistischen Konservativen (Kirche), Pragmatikern („technisch" Neutralen) und progressiven Liberalen (Säkularen) wiederspiegelt.

Trotz aller Unterschiede gehören aber alle Gruppen eher zu den „Moral"- als „Ethik"-Vertretern: Sowohl die Substantialisten (*Demarchi, Lavecchia*) als auch die Pragmatiker und die Rationalisten (*Sini*). Alle Richtungen setzen eher auf individualisierte Moral, weniger auf gemeinschaftliche Ethik. Auch wenn diese individualisierte Moral zum Teil „post-humanistisch" gedacht wird (*Berto*), führt das doch zu keiner „großen" Ethik-Konzeption. Das gilt auch für die nihilistische Fraktion innerhalb der Säkularen, die Metaphysik als Erfahrung diesseitiger, konkreter Existenz des Selbst vor dem Nichts (und in gewisser Weise im bereits ständig anwesenden Nichts) versteht, damit aber bei der (christlichen) Bevölkerung des Landes in der Breite wenig durchdringt (*Masullo*).

Fazit? Der klare Vorrang von Moral über Ethik verbindet in Italien die katholischen mit den liberalen Denkern, während am ehesten noch die Linken sich – meist mit zwiespältigen Ergebnissen – um eine öffentlichkeitsfähige Ethik bemühen, die angesichts des historischen, kulturellen und mentalen Hintergrunds, dem auch sie selbst angehören, allerdings nicht selten bigott anmutet.

V

Italienische Moralphilosophie bedeutet aber auch eine eigene Logik, eine eigene Ausrichtung, einen eigenen Denkraum im europäischen Kontext. Sie hat eine lange Tradition, die bis in die Rezeption der französischen Moralisten des 17. und 18. Jahrhunderts zurückreicht, insbesondere in die Zeit der Begründung des modernen Humanismus durch Giambattista Vico (1668-1774) eine durchgängige Linie darstellt, die im Unterschied zur katastrophalen Geschichte des deutschsprachigen Europa des 20. Jahrhunderts in Italien nie ernsthaft unterbrochen wurde. Hier hat sich der oft gescholtene akademische Historismus der Nation bewährt, denn er hat dazu beigetragen, die Tradition moralischen Denkens im öffentlichen Bewusstsein wach zu halten.

Diese Tradition war trotz Vicos Interesse an Rechtsordnungen schon immer eher individualistisch, das heißt auf den Innenraum des Einzelnen bezogen, denn kollektivistisch. Das hat mit dem paradoxalen Bezug des italienischen Humanismus zu seiner historischen Grundlage im römischen Rechtsleben zu tun. Vieles von dem, was Ethik als zwischenmenschliche Ordnungsidee sein kann, wurde bereits vom römischen Geist durch seine Erfindung der „objektiven" Verschriftlichung öffentlichen Rechts von der Sphäre der Moral in jene der Rechtsbeziehungen transferiert – und zwar zu einem Zeitpunkt, der auf der italienischen Halbinsel deutlich vor dem anderer Regionen lag.

Diese frühe und enge Beziehung zwischen Moral und Recht hat Spuren nicht nur insofern hinterlassen, als Ethik in Italien stärker aus der Schriftlichkeit hervorgehend – und von ihr abhängig – gedacht wird als in anderen Nationen (*Sini*), sondern vor allem auch insofern, als zwischen dem Festhalten an Moral als individueller humanistischer Leitsphäre und Formalisierung des Rechts als kollektivem Ordnungsgefüge ein Leerraum entstand, den Ethik nur als mit Abstand schwächstes der drei Glieder füllen konnte. Während in anderen Nationen, etwa in den USA oder Frankreich, die kulturspezifische Zivilreligion, also die informelle Sammlung von im Kern als allgemeingültig und metakonfessionell empfundenen Überzeugungen eigener Werthaftigkeit und Wertbezogenheit (in den USA beispielsweise als „American way of life", „Crossing borders", „Land of the free and the brave", „City upon the hill" gefasst und unabhängig von politischen Überzeugungen oder Gruppenzugehörigkeiten allgemein geteilt), konnte sich in Italien Zivilreligion nie gegen die Kirchenreligion durchsetzen. Daher konnte sich auf der Grundlage von Zivilreligion auch keine „starke" öffentliche Ethik bilden wie in Frankreich oder in den USA.

Das bedeutet: Der Staat konnte kaum allgemein akzeptierte ethische Parameter neben den moralischen der Kirche einführen, auch nicht getragen durch einen nicht-institutionellen Wertekodex großer emotionaler Überzeugungskraft wie dem des Risorgimento (1815-1870), der nationalen „Wiedergeburt" Italiens, die sich in ihren ideellen Motiven direkt auf das Rinascimento (14. bis 16. Jahrhundert) berief – also auf den Kern der kulturellen Identität Italiens bis heute.

Das Ergebnis ist, dass Zivilreligion in Italien viel weniger ausgebildet ist als in den großen Gründungsnationen der Moderne – ja bis heute vielfach mit dem Faschismus verbunden wird, der sie zur Vereinnahmung des Staates zu forcieren suchte, damit aber in Konflikt mit der Kirche geriet. Das Primat einer stark neoidealistisch-religiös angehauchten Moral über eine kommunikativistisch-säkulare Ethik trägt aufgrund dieser Vorgeschichte in Italien letztlich bis heute zu einem

„schwachen Staat" bei – mit all den unterschiedlichen Implikationen, die das mit sich bringt.[2]

VI

Andererseits gab es gerade im moralischen Denken Italiens seit Beginn des 20. Jahrhunderts viele Umbrüche, Experimente und Wandel. Erschütterungen des Althergebrachten – sowohl im Alltagsleben der Bürger als auch in der akademischen Sphäre – hatten sich bereits vor dem ersten Weltkrieg in den Versuchen angekündigt, den denkerischen Moralismus des deutschen Idealismus, der für das geistige Leben Italiens mitbestimmend geworden war, in den Willens-Moralismus eines dynamischen Tat-Idealismus zu übersetzen. Das war die Geburtsstunde „heidnischer" „neomoralischer" Denker wie Julius Evola – und die Geburtsstunde des italienischen Faschismus. Nach der kleinbürgerlichen Konsolidierung der Nachkriegszeit erfolgte ein tiefgreifender Wandel des öffentlichen Lebens durch die 1968er Revolution, die in Italien die „moralische" Grundorientierung zwar nicht auflöste, aber zugunsten mehrheitlich stark links gefärbter ethischer Konzeptionen hinterfragte. Es kam die „bleierne Zeit" des Terrorismus der 1970er und 1980er Jahre, mit ihrer Radikalisierung und Entgrenzung moralischer Maßstäbe; und schließlich ereignete sich die Ankunft der Postmoderne aus dem „transalpinen" Raum (Frankreich), die mit ihren Relativierungstendenzen in Italien aufgrund der hier weiterhin starken Bedeutung traditioneller Moralstrukturen für besondere Furore sorgte – einschließlich einer Verschärfung öffentlicher Rhetorik und täglicher Polemik. Gemeinsam erzeugten diese Schübe in der jüngeren italienischen Moralphilosophie eine permanente Suche nach neuen Moralbegriffen, deren Kennzeichen es jedoch paradoxerweise ganz im Einklang mit der vorherrschenden Kultur blieb, nach individualistischen Konzepten Ausschau zu halten, die weniger auf dem Entwickeln und Befolgen von Gemeinschaftswerten oder (wenn auch neuen) Regeln, sondern auf „innerem Vollzug des Selbst" beruhten.

---

2 Vgl. dazu im Einzelnen die Beiträge in R. Benedikter (Hrsg.): *Italienische Politikphilosophie*, Springer Verlag Berlin 2015.

VII

In einen solch vielseitigen und historisch mehrschichtigen Kontext sind vielleicht mehr als anderswo Widersprüche eingebaut. Ihnen entgehen alle drei typologischen Diskurslager gegenwärtigen italienischen Moraldenkens nicht: Nicht die „Substanzdenker", nicht die Rationalisten und nicht die „Dekonstruktivisten". Das gilt auch für die in diesem Buch versammelten Denker – wobei es gerade die Widersprüche sind, die ihre Überlegungen interessant machen.

So besteht ein offenbarer, unauflösbarer Widerspruch bei *Demarchi/Lavecchia*: Die Suche nach einer „neuen" Metaphysik des Moralischen für das individualisierte Subjekt der Postmoderne gerät zu einem Rückgriff auf die klassischen Traditionen von Christentum und Platonismus. Obwohl deren Reaffirmation gegen den einseitigen moralischen Materialismus neuer Strömungen wie Cyberethik oder Transhumanismus vielen sinnvoll erscheint, um die Balancen zwischen Tradition und Innovation zu wahren (und seit den Rechristianisierungs-Strategien Mitteleuropas von Papst Joseph Ratzinger auch im deutschsprachigen Raum hohe Aktualität hat), scheint das Individuum hier weniger die Chance eines Hegelschen „Sowohl-als-Auch" – und also die Voraussetzung für eine Integration auseinanderstrebender moralischer Habiti – zu erhalten, als es vielmehr im Zeichen eines Absoluten latent vor die erneute Wahl eines Kierkegaardschen „Entweder-Oder" gestellt wird.

VIII

Ein (produktiver) Widerspruch herrscht auch bei *Masullo* vor. Was der zeitgenössische italienische Nihilismus sagt, ist: „Alles ist nichts". Man könnte das auch umdrehen und sagen: „Nichts ist alles" – beispielhaft für die positive kognitive Kreativität des Nihilismus, aus der sich „andere" Wahrnehmungen und Haltungen ergeben, die in der Überfülle der Bilderkultur der Gegenwart durchaus produktiv erscheinen. Der Widerspruch besteht darin, dass dieser Satz auch in *Masullos* radikaler Rationalität streng genommen nicht möglich ist – weil der Akt der Aussage eines Satzes ebenso gelten muss wie sein Inhalt. Mit anderen Worten: Der Akt der Aussage selbst kann – ebenso wie ihre logische Struktur und Konsistenz – nicht „nichts" sein, weil sonst gar nichts gesagt wäre. Daher muss die Aussage: „Alles ist nichts" selbst „etwas" sein. Damit aber hebt sich diese Aussage faktisch während ihres Aktes auf – weil mit ihr bereits „etwas" ist (und gilt) und nicht „nichts", das doch „alles" sein müsste.

Nachwort 115

IX

Schließlich besteht auch ein kreativer Widerspruch bei *Sgalambro*, der sich – wie die meisten anderen – zwischen Inhalt und Akt der Aussage abspielt. *Indifferenz gegenüber der Gesellschaft*, einer seiner Buchtitel aus dem Jahr 1994, wird hier zum Programm erhoben, weil anders individuelle Freiheit nicht konsequent zu erlangen und zu denken sei. Aber warum dann überhaupt sprechen – wenn Sprechen immer bereits ein gemeinschaftlicher Akt ist, der notgedrungen auf Konventionen beruht? Diese wirken auch noch in ihrer Subversion und „zornigen" Durchbrechung, da sie deren Voraussetzung darstellen, ohne die keine (artikulierte) Subversion und kein (sprechender) Zorn sein können. *Sgalambros* zorniges Aufbegehren gegen das Ethische im Zeichen des Moralischen gibt sich subversiv, ist aber letztlich perfekter Ausdruck des kulturellen Habitus seines Landes. Er liegt genau auf der (unbewussten) Linie der überwiegenden Mehrheit seiner Bürger – ist also letztlich Konvention.

X

Zusammenfassend lautet die Grundfrage italienischer Moralphilosophie für die Gegenwart: *Moral oder Ethik?* Erstere ist individuell, letztere kollektiv. Die Antwort ist aus Mehrheitssicht italienischer Philosophen nicht wirklich schwierig: Eher Moral als Ethik. Denn Moral ist „unmittelbar wirklich", Ethik eine unsichere und jederzeit veränderliche Übereinkunft. Das führt dazu, dass selbst wenn im heutigen moralischen Denken Italiens Ethik gesagt wird, meist Moral gemeint ist – zumindest implizit. Es verweist auf den „natürlichen" Vorrang individueller moralischer Intuition vor ethischer Norm – hierin ganz kongenial dem Gemeinschafts- und Staatsempfinden Italiens seit 1861. Auf der anderen Seite führt es dazu, dass ungeachtet des auch noch nach der politischen Anti-Korruptionsrevolution „Mani pulite" 1992-1995 viel beklagten „moralischen Verfalls" der Macchiavellismus als wirksamste „moralische" Mentalität weiterhin die Oberhand in der politischen Kultur der Halbinsel behält – weil er ein völlig individuelles Ad-hoc-Handeln erlaubt.

XI

Wenn daher stark vom Austausch mit Mitteleuropa beeinflusste Philosophen wie etwa *Luigi Pareyson* (1918–1991) von einer Ontologie der Freiheit sprachen als „dem einzigen Moralsystem, das heute und in den kommenden Jahrzehnten möglich ist", war (und ist) damit trotz aller Affinität nicht genau dasselbe gesagt wie im deutschsprachigen Raum. Das italienische Verständnis von Freiheit konstituiert sich in einem Spannungsfeld zwischen den Mentalitäten des Nordens und Südens, der in eine „Freiheit von" eher als eine „Freiheit für" mündet – zumindest als Priorität des Bürgers gegenüber dem „römischen" Staat. Darin ist auch der Ursprung der historisch unablässigen Bildung von „Staaten im Staat" (im Süden nicht zuletzt etwa der Mafia) begründet. Das heißt nicht, dass Freiheit und „Nicht-Staatlichkeit" in Italien deckungsgleich sind – aber diese beiden Verständnisse berühren sich doch dauernd, meist auch konflikthaft, in der täglichen Praxis des allgemeinen Habitus.

XII

Diese Färbung von „Freiheit" bringt zugleich einen anderen Individualismus hervor als den heutigen mitteleuropäischen oder amerikanischen: Einen „geistrealistischeren", stärker an eine „Substanz" des Selbst appellierenden Subjektivismus. Die kulturelle, vom italienischen Moraldenken in vielen Varianten aufgegriffene Überzeugung ist: Ein individualisierter Geistrealismus von Subjektivität ist notwendig – denn ohne ihn bleibt alles Moralische letztlich doch nur wieder Ethik. Und das hieße: Sozialtechnologie und halb politisierende, halb pädagogisierende, wenn nicht gar ins Bigotte abgleitende Makulatur. Wenn individuelle moralische Intuition ein Kernpunkt für eine praktische Metaphysik der Nachmoderne ist, dann scheint Italien dafür besonders prädestiniert – mit allen darin eingebauten Risiken und Gefahren. Wenn das Leitmotiv „post-postmodernen" moralischen Denkens ein Subjekt ist, das sich selbsttätig zu moralischer Phantasie emporringt, dann ist die italienische Kultur dafür ein „natürlich" begabter Träger. Vielleicht könnte im Fokus auf individueller moralischer Intuition – bei aller Berücksichtigung von deren Anfälligkeit für Solipsismen – tatsächlich eine Art „post-postmoderne" Ethik angelegt sein: Eine Überwindung des radikalen (De)Konstruktivismus der Postmoderne und die Neukonstituierung eines praktischen Humanismus.

XIII

Zusammenfassend behält Metaphysik ihre historische und kulturelle Kernbedeutung für die spezifisch italienische Fassung des Moralischen, deren sozialen Rahmen und deren politische Konnotationen. Dies gilt sowohl für die traditionalistischen christlichen und neoidealistischen Denker wie für die „abbauenden" Versuche von Posthumanismus, Rationalismus und Nihilismus, gegen bisherige Moralvorstellungen anzudenken und anzuschreiben. Obwohl es heute mehr und mehr Freiräume für Experimente in einem Land gibt, in dem Moralvorstellungen seit jeher von der in ihm beheimateten katholischen Kirche und derem universalistischen Ganzheitsanspruch geprägt waren, bleibt der Einfluss von Metaphysik als Religion auf die Moralvorstellungen italienischen Denkens weitgehend ungebrochen – erfolge dieser nun positiv oder negativ.

In diesem Sinn schrieb der Religions-Psychoanalytiker Francesco Marchioro in einem Brief an mich, wiederum mit typisch italienischem Fokus auf Moral statt Ethik:

> „Rousseau schreibt (in *Vom Gesellschaftsvertrag* IV,7), dass das Christentum eine Religion ist, die sich ausschließlich mit den Dingen des Himmels beschäftigt. Für den Christen ist es am wichtigsten, ins Paradies zu gelangen, und seine weltliche Resignation ist nichts anderes als ein Mittel, um diesen Zweck zu erreichen. Kant weist darauf hin, dass die christliche Ethik eigentlich keine authentische Ethik ist, weil sie sich belohnen lässt; sie tut das Gute, um dafür einen Preis zu erhalten. Sie ist also ein guter Handel, ein vorteilhafter Tausch, keine Ethik im eigentlichen Sinn. Aber existiert dann überhaupt eine Moral jenseits der christlichen Ethik, in dem Sinn, dass Menschen das Gute tun nicht, um eine Belohnung dafür zu erhalten durch einen Gott, sondern um der intrinsischen Moralität der guten Handlung selbst willen?
>
> Wir Italiener sind alle direkt oder indirekt zur christlichen Ethik erzogen. Daher glauben wir, Glück bestehe in der Belohnung guten Handelns. Doch im Gegensatz dazu müssten wir das Gute eher an Erkenntnis knüpfen, und das bedeutet an eine vollständig individualisierte Moral: Den Wert der Gerechtigkeit in sich selbst zu erkennen, und zu sehen, dass das nicht notwendigerweise Glück mit sich bringt, so wie das Gute nicht notwendigerweise das Leiden ausschließt."[3]

XIV

Klar wird hier einmal mehr, dass Moral, nicht Ethik im Zentrum auch noch der italienischen Psychoanalyse und Sozialpsychologie von „Gut" und „Böse" steht. Marchioro geht sogar noch einen Schritt weiter: Wo Moral an die Stelle von Ethik tritt, ist Verzweiflung nicht fern. Diese ist sogar das sicherste Merkmal für die Präsenz schöpferischer Moralität, die gerade in der gereiften Moderne mit ihrer unausweichlichen Vereinzelung an die Stelle ethischer Norm treten muss:

> „Nicht aus der *Ethik*, sondern aus der *Moral* stammen alle Formen kreativer Unruhe in den europäisch-westlichen Gemeinschaften. Es ist gerade das Schweigen jedes authentischen gemeinschaftlichen Sinns, das die totale Einsamkeit des Einzelnen in der heutigen Gesellschaft bedingt. Aber das ist zugleich der unabdingbare Preis dafür, um diesen Einzelnen zum souveränen Schöpfer von Ansprüchen und Normen

---

3 F. Marchioro: *Note per Roland Benedikter*. Lettera, 27 decembre 2002. Archiv des Autors.

zu erheben. Es ist ein Irrtum für uns Heutige zu glauben, dass nur das Sein-Müssen verbindlicher ethischer Standards uns vor der Ausgesetztheit schützt. Vielmehr besteht in der Verzweiflung absoluter Einsamkeit die eigentliche moralische Verantwortung, ihr Ursprung und ihr Lösungsansatz. Existenz ist heute in die Verantwortung des Selbst geworfen. Das ist ihr wichtigstes Kennzeichen, ohne das keine Rede von Sinn mehr bestehen kann.

Moral heißt in diesem Sinn keineswegs Ethik. Moral heißt, seinem eigenen Versprechen an sich selbst zu folgen: Auf sich selbst als Werdendes zu antworten. Das schließt den Verlust von Glauben ein: Des Glaubens an die scheinbaren Sicherheiten ethischer Vereinbarungen, mit denen wir uns aus Angst seit jeher täuschen, des Glaubens an Gott... um in ein Delirium des Richtigen zu fallen, um den Tod zu verdrängen. Nicht die Ethik also, sondern die Moral verlangt von uns, das Subjekt in seinem vollen Status in Frage zu stellen – damit wir das Verlangen nach Wahrheit, und sei sie auch ‚nur' die existentielle Wahrheit des Subjekts, nicht mehr mit der Illusion von Sicherheit verwechseln."[4]

XV

Was bedeutet das? Und was zeigt der Ausblick?

Italienische Moralphilosophie ist vielgestaltig. Trotzdem tendiert sie über die Verschiedenheit von Strömungen und Ansätzen hinaus in deren kleinstem gemeinsamen Überschneidungsbereich dazu, Moral vor Ethik zu stellen. Sie schwebt dabei in einem produktiven Spannungsfeld zwischen Individuum und Gemeinschaft, das sie nicht löst, aber von immer neuen Gesichtspunkten aus anschaut und erforscht. Ist das nicht die Aufgabe jedes gegenwartsorientierten Denkens von Moral und Ethik – nicht nur in Italien, sondern auch in der Perspektive des größeren Europa?

Freilich: Die meisten Fragen, die das heutige italienische Denken der Moral stellt, bleiben offen. Dieser Fragen sind viele. Geht es künftig um ein Denken über Moral – oder ein moralisches Denken? Geht es um Moral als Gegenstand oder Moral als Vollzugsqualität? Und vor allem, immer wieder die Kardinalfrage: Geht es um Moral oder um Ethik? Was könnte eine *Moral* der Ära „jenseits von Gut und Böse" – und damit der schleichenden, aber möglicherweise unausweichlichen Unterminierung von *Ethik* sein?

Das sind die Fragen, die das heutige italienische Moraldenken mit Nachdruck stellt. Es zeigt: Die Unterscheidung zwischen Ethik und Moral könnte für die kommenden Jahre kreativ sein. Das ist vielleicht auch schon alles. Das ist viel.

---

4 Ibid.

Weiterführende Literatur des Herausgebers (2002-2015)

Roland Benedikter (Hrsg.): Italienische Politikphilosophie. Springer Verlag, Berlin 2015.
Roland Benedikter: Das Italien Matteo Renzis. Wohin führt der Weg der drittgrößten Volkswirtschaft der Eurozone? Eine interdisziplinäre Landesstudie zu Stand und Perspektiven von „Il bel paese". Mit einem Vorwort von Caroline Kanter, Leiterin der Konrad Adenauer Stiftung Rom. Schriftenreihe der Konrad Adenauer Stiftung, Rom und Berlin 2015 / Matteo Renzi's Italy. Where Is The Third-Largest Eurozone Economy Heading? An Interdisciplinary Nation Study. With a foreword by Caroline Kanter, Head of the Konrad Adenauer Foundation, Italy Office, Rome. Publication Series of the Konrad Adenauer Foundation, Rome and Berlin 2015 (deutsch und englisch).
Roland Benedikter: Mario Monti's Italy and the European Debt Crisis. In: Korea Review of International Studies (KRIS). Edited by the Global Research Institute, The Graduate School of International Studies, Korea University Seoul, Volume 14, Issue 2/2011, Seoul 2011, pp. 3-36. Links: http://gsis.korea.ac.kr/gri/contents/2011_2/14-2-01_Roland_Benedikter.pdf und http://gsis.korea.ac.kr/gri/contents.html.
Roland Benedikter: 15 Years of Privatization of Italian Cultural Heritage 1996-2010. Stanford University Working Paper, Part I: "The Real Dimension of the Process is Not Visible to the Public and the International Community." The Three Problems Inbuilt Into the Privatization of Italian Cultural and Architectural Heritage 1996-2010. In: Stanford University, Freeman Spogli Institute for International Studies, The Europe Center, 13 January 2011 (gemeinsam mit Salvatore Settis). Link: http://fsi.stanford.edu/publications/15_years_of_privatization_of_italian_cultural_heritage.
Roland Benedikter: Privatization Of Italian Cultural Heritage. In: The International Journal of Heritage Studies IJHS London. Volume 10, Number 4, September 2004. Routledge, London 2004, pp. 369-389.
Roland Benedikter: Kultur-Kooperation. Ein wegweisendes deutsch-italienisches Kooperationsabkommen: Inhalte und Perspektiven. In: Kulturelemente. Zeitschrift für aktuelle Fragen. Herausgegeben von der Distel-Kulturvereinigung Bozen-Bolzano-Bulsan. Heft 39/2003 (April). Bozen 2003, S. 2.
Roland Benedikter (Hrsg.): Italienische Technikphilosophie für das 21. Jahrhundert. Reihe Problemata, Band 145. Frommann-Holzboog Verlag, Stuttgart 2002.

Über die AutorInnen

(in der Reihenfolge der Beiträge)

Roland Benedikter ist Research Scholar am Orfalea Zentrum für Globale und Internationale Studien der Universität von Kalifornien in Santa Barbara, Senior Research Scholar des Council on Hemispheric Affairs Washington DC, Trustee der Toynbee Prize Foundation Boston, Senior Affiliate am Edmund Pellegrino Center der Georgetown Universität und Vollmitglied des Club of Rome. 2009-13 forschte er am Europa-Zentrum des Freeman Spogli Institute for International Studies der Stanford Universität, 2008-12 war er Full Academic Fellow des Potomac Institute for Policy Studies Washington D.C. Er ist Autor von mehr als einem dutzend Büchern zu europäischen und internationalen Fragen, darunter zu Italien, Europa, USA und China, von mehr als 200 Aufsätzen in Fachzeitschriften und 19 Lexikonsartikeln zu globalen Studien, Co-Autor von zwei Pentagon und U.S. Joint Chiefs of Staff „White Papers" (2013 und 2014) sowie von Ernst Ulrich von Weizsäckers „Bericht an den Club of Rome" 2003: Grenzen der Priviatisierung (mit einem Beitrag über die Privatisierung italienischer Kulturgüter). Er war von 1995-2003 in der norditalienischen und europäischen Politik tätig und schreibt unter anderem für *Foreign Affairs, Harvard International Review* (in deren Advisory Board er ist), *European Foreign Affairs Review* und *Challenge: The Magazine of Economic Affairs*. Er ist häufiger politischer Kommentator für den staatlichen Rundfunk Italiens „RAI – Radiotelevisione Italiana", „Die Welt" Berlin und die „Wiener Zeitung". E-mail: rolandbenedikter@yahoo.de.

Manlio Sgalambro (1924-2014) war Philosoph, Schriftsteller und Theaterautor. Autor von zahlreichen Texten für Lieder und Opern des populären Sängers, Komponisten und Künstlers Franco Battiato (u. a. *Il cavalliere dell'intelletto*, 1995). Er verkörperte in Italien wie kaum ein anderer die Figur des klassischen freien Intellektuellen der „Magna Graecia" (Süditalien), der einen gelebten moralischen Anspruch als „Weisheit in Person" in der Polis vertritt und dazu von den Bürgern befragt wird.

U. a. Autor von *La morte del sole* (1982), *Trattato dell'empietá* (1987), *Del pensare breve* (1991), *Dialogo teologico* (1993), *Dell'indifferenza in materia di società* (1994), *Dialogo sul comunismo* (1995), *Teoria della canzone* (1997), *Il trattato dell'età* (1999).

Graziella Berto war Forschungsprofessorin für Moralphilosophie an der Universität Triest und lehrt jetzt in Udine. U. a. Autorin von *L'attimo oscuro* (1988) und von *Freud, Heidegger, lo spaesamento* (2001). Redakteurin der Philosophie-Zeitschrift „Aut Aut", Mitglied des „Laboratorio di filosofia contemporanea", Triest. E-mail: g.berto@tin.it.

Carlo Sini ist Professor emeritus für theoretische Philosophie an der Universität Mailand. Er ist Mitglied der „Accademia dei Lincei", des „Collegium Phaenomenologicum" Perugia, der nationalen Leitung der „Società Filosofica Italiana" und des Institut International de Philosophie Paris sowie korrespondierendes Mitglied des „Istituto Lombardo di Scienze e Lettere" und des Husserl Archivs Leuven. 1985 Preis des Präsidiums der italienischen Regierung (*Premio della Presidenza del Consiglio dello Stato italiano*), 2002 Ehrenkreuz 1. Klasse für Wissenschaft und Kunst der Republik Österreich. U. a. Autor von *Immagini di verità* (1985), *I segni dell'anima* (1989), *Etica della scrittura* (1992), *La filosofia teoretica* (1992), *Filosofia e scrittura* (1994), *Transito Verità* (2004-2005) und *Opere di Carlo Sini* (6 Bände, 2004ff.). E-mail: carlo.sini1@alice.it.

Aldo Masullo ist Professor emeritus für Moralphilosophie an der Universität Neapel. Mitglied der "Accademia Pontaniana", der "Società Nazionale di Scienze Lettere ed Arti di Napoli" und der "Accademia Pugliese delle Scienze". 1972 bis 1976 unabhängiger Parlamentsabgeordneter auf der Liste der Kommunistischen Partei Italiens (PCI), 1976 bis 1979 Senator der Republik Italien und Europa-Parlamentarier. U. a. Autor von *Struttura, soggetto e prassi* (1966), *La storia e la morte* (1964), *La comunità come fondamento. Fichte, Husserl, Sartre* (1965), *Il senso del fondamento* (1967), *Antimetafisica del fondamento* (1971), *La metafisica* (1980), *Fichte: L'intersoggettività e l'originario* (1986), *Filosofie del soggetto e diritto del senso* (1990), *Filosofia morale* (2005), *Napoli siccome immobile* (2008), *La libertà e le occasioni* (2011), *Piccolo teatro filosofico. Dialoghi su anima, verità, giustizia, tempo* (2012), *Stati di nichilismo* (2014) E-mail: aldomasullo@libero.it.

Silvano Demarchi ist freier Philosoph, Dichter und Schriftsteller in Bozen. Er war Präsident der Kulturvereinigung "Dante Alighieri" in Bozen und erhielt 1981 den Kulturpreis des Präsidiums des Ministerrates der Republik Italien (*Premio cultura della Presidenza del Consiglio dei Ministri*). Von 1982 bis 2004 war er Präsident der theosophischen Gruppe *Oriente* in Bozen.

Salvatore Lavecchia ist Professor für Geschichte der Antiken Philosophie am Department für Humanistische Studien der Universität Udine sowie Dozent am Masterstudiengang *Consulenza Filosofica di Trasformazione* an der Universität Verona. Autor zahlreicher Aufsätze und mehrerer Bücher zu Fragen der Verbindung von Antike und Gegenwart, u. a. von *Una via che conduce al divino. La homoiosis theo nella filosofia di Platone* (2006), *Oltre l'Uno ed i Molti* (2010), *Generare la luce del bene. Incontrare veramente Platone* (2015). E-mail: salvatore.lavecchia@uniud.it.

The manufacturer's authorised representative in the EU is Springer Nature Customer Service Centre GmbH, Europaplatz 3, 69115 Heidelberg, Germany. If you have any concerns regarding our products, please contact ProductSafety@springernature.com

Printed and bound by CPI Group (UK) Ltd, Croydon, CR0 4YY
25/03/2026
02078216-0004